大文字山トレッキン

至山中越え
東山通
百万遍
今出川通
北白川天神宮
八神社
交番
銀閣寺コース
京都大学総合博物館
吉田山
白沙村荘
銀閣寺
吉田神社
哲学の道
法然院
法然院森のセンター
五山送り火 大文字火床
真如堂
白川
安楽寺
霊鑑寺
白川通
金戒光明寺
鹿ヶ谷通
鹿ヶ谷コース
大文字山
聖護院
大豊神社
楼門の滝
四つ辻
丸太町通
平安神宮
熊野若王子神社
岡崎
南禅寺
永観堂
みやこメッセ
動物園
琵琶湖疏水記念館
美術館
南禅寺
サブコース
蹴上コース
交番
インクライン
粟田口
粟田神社
日向大神宮
駒ヶ瀧最勝院
山科コース
青蓮院門跡
ねじりまんぽ
蹴上駅
蹴上浄水場
旧御所水道ポンプ室
七福思案処
知恩院
琵琶湖疏水
地下鉄東西線
如意ヶ岳南麓たたら製鉄遺跡群
後山階陵
八坂神社
円山公園
将軍塚
高台寺
本圀寺
琵琶湖疏水・山科疏水
日ノ岡
車石広場
天智天皇陵（山科陵）
安祥寺
清水寺
御陵駅
御陵
清水山
花山天文台
JR山科駅
JR琵琶湖線
三条通
京阪山科駅
地下鉄山

大文字山 トレッキング手帖

ナカニシヤ出版

はじめに

昨今、年齢性別を問わず、多くの人が山に出かけています。それは、高みを目指す登山だけではなく、いろんな山の楽しみ方を人びとが受け入れてきたからでしょう。

『日本百低山』(日本山岳ガイド協会編　幻冬舎)という本があります。そこでも、ふるさとの親しい山で五感を使って多様な楽しみ方をすることが推奨されています。低山にもそれぞれの特色があるのです。地形、地質だけでなく、そこならではの生きものたちが命をつないでいます。私たち人間もそんな山の環境を利用し、森の恵みをいただいて、様々な暮らしや文化を育んできました。人が行き交う山道でも多くの物語が紡がれてきたでしょう。山の姿に目を向ければ向けるほど、山歩きは味わい深いものになると思います。

これから紹介する大文字山もそんな低山の特色を持つ、京都を代表する山のひとつです。送り火の火床や峰々からの眺め、地球史を物語る地質、そして森とそこに息づく生きものたち、平安京遷都以前から近代までの人の歩みを語る歴史遺産など、この山には多くの魅力が溢《あふ》れています。

本書が、登山コースの紹介にとどまらず、それらの魅力と出合い、楽しい山歩きを満喫できる一助になれば幸いです。

ただ、近年、豪雨や強い台風が重なり、山道が荒れているところもあります。最新の情報を確かめ、注意を怠らないようにしてください。

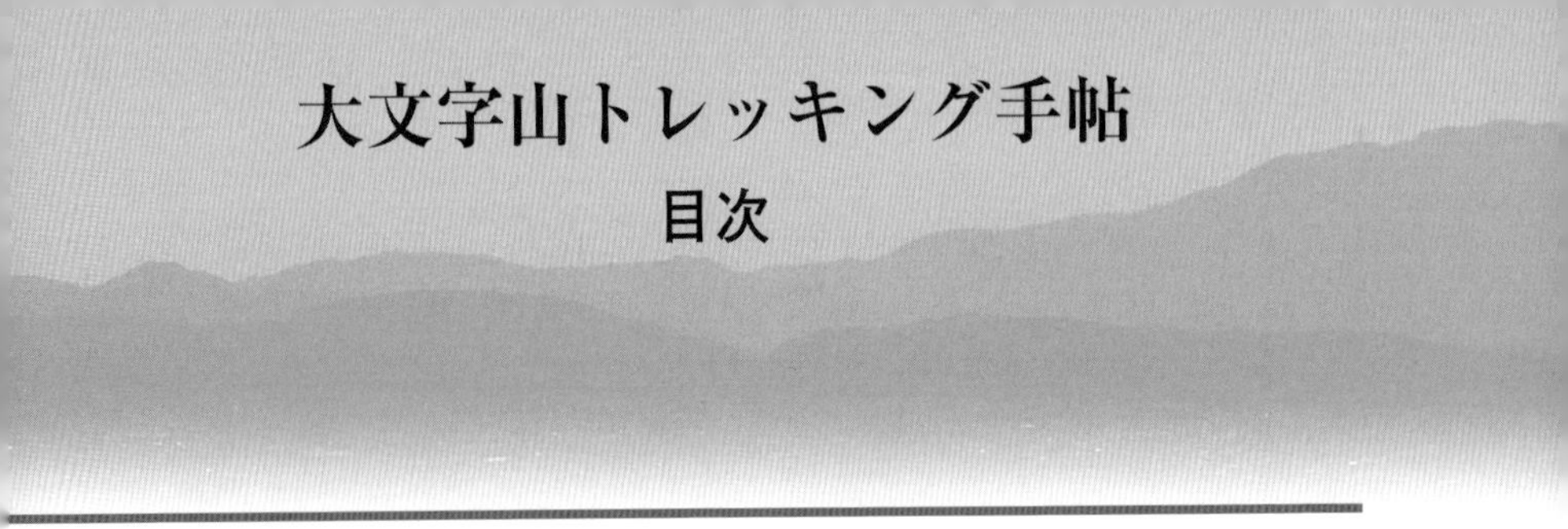

大文字山トレッキング手帖

目次

桜と雨上がりの山麓

I 大文字山へのまなざし

◉京都市街から見上げる大文字山

◉大文字送り火

京都市街から見上げる大文字山

「ふとん着て寝たる姿や東山」（江戸時代・服部嵐雪《はっとりらんせつ》）とうたわれたように、京都盆地の東には峰々をつなぐ稜線がなだらかに延びています。

儒者、頼山陽《らいさんよう》は、鴨川の畔《ほとり》に山《さん》紫《し》水明処《すいめいしょ》という名の書斎を設けました。東山連峰を遠目に見て、山けむる眺めにその名をつけたのでしょうか。山々が町からほどよい距離にあって、眺めても歩いても楽しめることがうかがえます。そのなかで、ひときわ存在感があるのが大文字山（四六五・三ｍ）です。稜線は山科や大津方面の峰々ともつながっています。

しかし、続く峰々を称した東山三十六峰には大文字山の名はなく、如《にょ》意《い》ヶ《が》岳《たけ》と表されてきました。山の名は混同されてきましたが、今では、西峰の大文字山と東峰の如意ヶ岳（四七二ｍ）に分けて表示されることが一般的となっています。山域は、銀閣寺、鹿ヶ谷《ししがたに》、蹴上《けあげ》、山科、三井寺（園城《おんじょう》寺《じ》・大津市）など各方面から登山ができ、尾根伝いに縦走して楽しむこともできるトレッキングフィールドです。

大文字山の魅力のひとつは、五山の送り火の火床《ひどこ》である「大」の字（約三三〇ｍ）からの眺めです。眼前に京都盆地の景色が広がり、北の方角に比叡山《ひえいざん》（八四八・一ｍ）、西の方角に愛宕山《あたごやま》（九二四ｍ）、そしてそれらに連なる北山、西山の峰々も遠望できます。西南方角の京都盆地が狭まる大山崎

大文字山

辺りに宇治川、桂川、木津川の三川が合流して淀川となる様子を、さらにその流れの先に大阪都心のビル群も望むことができます。秋から冬の晴れて冷えた朝には、愛宕山の肩越しに霧の広がりが見られるでしょう。有名な亀岡盆地の雲海の一部です。幻想的な雰囲気が伝わってきます。

大の字から高度を上げれば山頂です。頂上には地形図をつくるための基準点となる三等三角点や、地殻変動を測っていた菱形基線測点があります。ここからは南東に眺望が開け、山科盆地、南に連続する東山の峰々、京都盆地の南部、南山城方面などを望むことができます。視界がきけば、遠方の高い山々や、大阪湾の光る様子もみとめることができます。

さらに東へ、如意ヶ岳や長等山《ながらやま》（滋賀県大津市）へと山並みは続きます。京と近江の国境には小関越《こぜきごえ》、山中越《やまなかごえ》などの街道が通り、時代を超えて利用され、街道沿いに多くの歴史遺産を見ることができます。また、山中にも如意寺《にょいじ》山越（通称、如意越え）と呼ばれる古道があります。近年の学術調査によって、如意越え周辺の山林寺院や山城などの史跡が明らかになってきました。平安時代以降、信仰の道として、ときには戦の道として、様々な人々が行き交ったことをうかがい知ることができます。

そして、忘れてはならないのが、水の道、琵琶湖疏水でしょう。琵琶湖の水を、長等山や如意ヶ岳の山裾を貫くことで京都へ引き込んだという、明治時代の壮大な事業に学ぶことは多いものです。

亀岡盆地の雲海を望む

山頂の三角点

大文字山の自然にも目を向けてみましょう。森は気候と地形・地質の影響を受けながら、自らの生長力と人手によって様相を変えてきました。稜線のアカマツは東山の景観美をつくっています。山を覆《おお》う森は、麓《ふもと》の社寺の森にもつながり、多くの生きものを育んでいます。谷間から発する流れは、麓の暮らしに潤いを与えています。

山域にはいくつかの国有林があります。大の字の近くにある銀閣寺山国有林は「風景林[1]（東山風景林）」、「レクレーションの森」に指定されており、憩いの森づくりとともに、古都の景観保全と伝統行事である送り火の継承を目的にマツ林の再生が図られています。また一帯は大文字山歴[2]史的風土特別保存地区に指定されています。

大文字山は四季折々に人々に親しまれている身近な山でありながら、様々な歴史や文化も学ぶことができる博物館のような山なのです。

尾根筋に育つマツ林

大文字送り火

京都五山の送り火は、盂蘭盆会《うらぼんえ》（古代インドのサンスクリット語に由来する）に行われる伝統的な宗教行事です。京都盆地を囲むように設けられた各火床に火が点けられ、家々に帰ってきた祖先の霊（お精霊《しょらい》さん）を送る行事が行われます。そのなかでも、最初に点火される大文字の火床は町なかからもよく見えて、注目が集まります。

大文字送り火の起源には、弘法大師による説や、室町幕府八代将軍足利義政《あしかがよしまさ》が先だった息子義尚《よしひさ》の冥福を祈るために行った説など、諸説があります。如意ヶ岳（大文字山）一帯は古くからの霊場でもあり、麓には足利義政の別荘東山殿（後の慈照寺《じしょうじ》）が築造されるなど、将軍家との関係説も納得のいくところです。また「大」の字の筆跡についても、青蓮院《しょうれんいん》門主や、書家の近衛信尹《このえのぶただ》、そして相国寺《しょうこくじ》横川《おうせん》和尚の名があがっています。このように、その起源は江戸時代の頃でも伝承の域を出なかったようです。供養や祈りにおける火への信仰は古来、各地に見られ、大文字の送り火も民間信仰を土台にしたものと思われます。

火床がつくられた斜面は、風化しにくい地質のところに断層活動により形成された地形です。その角度と広さが大の字にうってつけだったのでしょう。大の字は人の形を表わすともいわれています。それにしても、「大」という文字には広がりと安定感を感じさせられるものです。

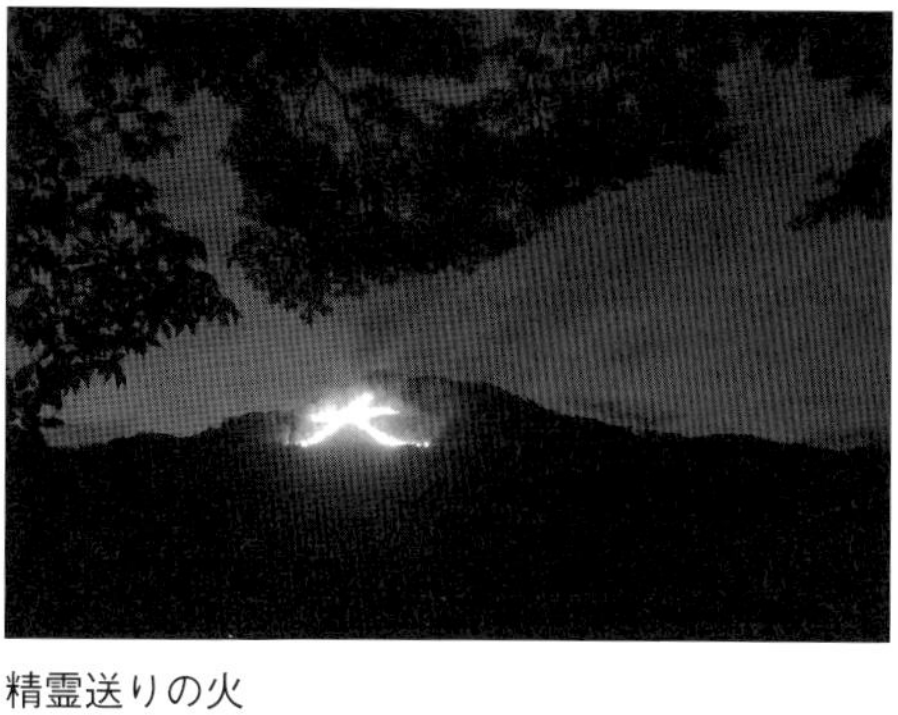
精霊送りの火

今なお伝統文化が守られているのは、大文字保存会を組織されている地元の方々の働きがあるからです。事前の準備から大変な作業が続きます。燃やされる松割り木は長持ちさせるために、松脂《やに》が出にくい、水の上がっていない時季に用意されるため、共有林のアカマツの伐採作業が冬から春まで続けられます。松枯れや森の荒廃によって、アカマツだけでなく点火材の柴の確保も簡単ではないようです。その他にも、共有林の管理、火床の叢刈《そうがり》（草木を刈る）など、年間を通して様々な作業が必要です。

松割り木の一部はさらに小割にされて護摩木《ごまぎ》として使われます。人々の願いが書かれた護摩木は、保存会の方々の奉仕によって送り火当日の八月一六日に運び上げられます。大谷石《おおやいし》（凝灰岩《ぎょうかいがん》）でできた七五基の火床に井桁《いげた》に組まれた材に護摩木が納められ、点火準備が進められます。午後七時頃から弘法大師堂で浄土院住職によって般若心経《はんにゃしんぎょう》が唱え始められ、八時にお堂のロウソクの火（燈明《とうみょう》）を親火として、大の字の中心の金尾《かなわ》の割り木に点火されます。保存会の役員による「南の流れよいか」「北の流れよいか」「字頭《じがしら》よいか」「一文字よいか」という合図の掛け声が終わると、松明《たいまつ》が振られ、火床に一斉に点火です。アカマツの割り木は最高の火力を持ち、燃え立つ炎は凄まじく、弘法大師堂の鉄柱も触れないほどに熱くなります。

大文字やあふみの空もたゞならぬ　与謝蕪村《よさぶそん》

大の字の燃える火は、山を越えた近江まで照らすほどに感じられたのでしょう。町の人々のどよめきも聞こえるようです。

そして、盆地の北側から西側へと送り火が順次点火されていきます。日蓮宗の題目、南無妙法蓮華経の「妙」「法」が同時に点火され、西方浄土へ向かう精霊船《しょうろうぶね》の「舟形万灯籠《ふながたまんどうろう》」、筆順に従い点火される「左大文字」と続き、八時二〇分頃には愛宕神社の一の鳥居をかたどったともいわれる「鳥居型松明」が点火されます。火床の様式や点火方法はそれぞれです。五山すべての火が燃え盛っているのは一〇分ほど、京都の夏の風物詩であり、安寧《あんねい》を願う人々の心が感じられるひとときです。大文字山では、翌日早朝、多くの人が

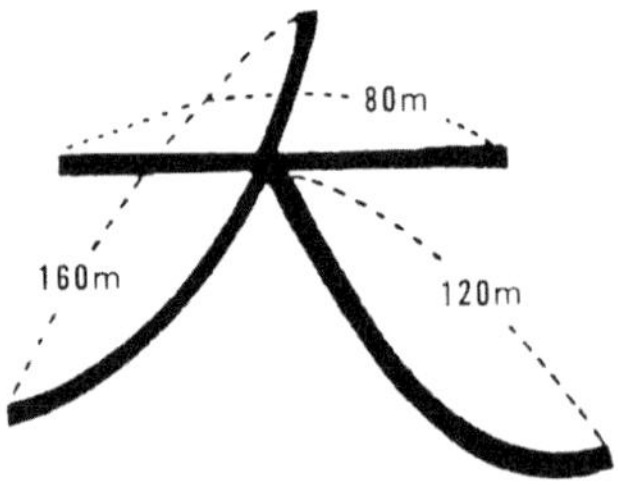

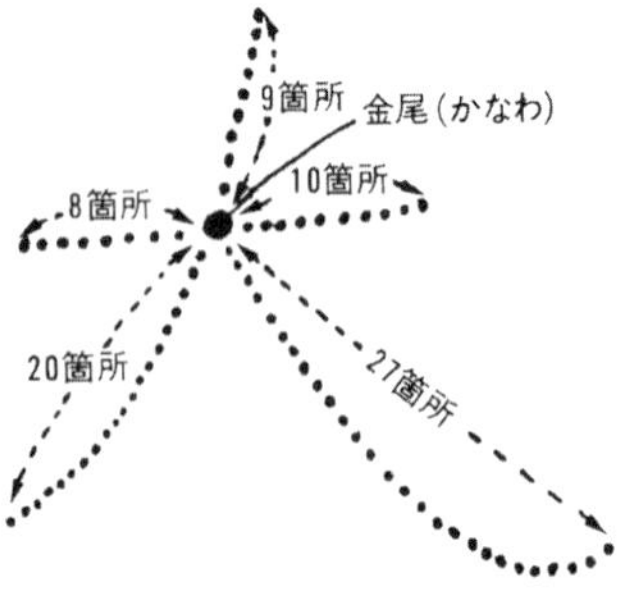

カラケシ（消し炭）を求めて大の字へと登っていきます。厄除《やくよ》け、無病息災《むびょうそくさい》のお守りとして、送り火の消し炭を半紙に包み、水引をかけて戸口などにつるしておく習慣があるのです。

送り火は、かつて五山の他にもいくつかの火床で行われていました。火床の場所（「妙」「法」の北方）をめぐって話題となっている「い」の字も明治時代まで火が入れられていたようです。その後、担い手不足や周囲の森の手入れ不足などで廃れたのではないかとされています。大文字山では、火床を守り、使用する松割り木を地元で調達できるよう、森の手入れが続けられているのです。（「京都五山送り火／京都市観光協会」HP参照）

［注］

［1］**東山風景林**：京都市街の東側に位置する国有林（銀閣寺山、高台寺山等）からなり、東山三十六峰のうちの一四峰を占め、市街地から穏やかな山容が眺望できる京都市のシンボルといえます。東山風景林は、明治期に国に移管されるまで、地元の寺社の領地として木材や副産物を生産することにより寺社を経済的に支えるほか、境内と一体となった荘厳な森林景観を形成することにより宗教的な役割も果たし、山麓には多くの社寺、貴族の別荘が建てられ、足利義政の銀閣寺もその一つです。現在においても、国有林として景観保全を柱とした管理が行われており、銀閣寺、清水寺、八坂神社、南禅寺といった歴史的・文化的に重要な社寺仏閣の背景林（借景）として親しまれています。（京都大阪森林管理事務所ＨＰより）

［2］**歴史的風土特別保存地区**：古都保存法に基づき、京都の三方の山並みやその山裾等の地域で歴史的に意義が高く景観上も重要な地域を、国土交通大臣が歴史的風土保存地域に指定し、そのなかで特に枢要な地域を都市計画手続きによって、歴史的風土特別保存地区に指定しています。（京都市ＨＰ参照）

Ⅱ

大文字山の自然の魅力

◉大地の不思議
◉樹木観察の楽しさ
◉コケの散歩道
◉きのこの世界
◉バードウォッチング
◉昆虫の魅力
◉アニマルトラッキング

大地の不思議

比叡山からの稜線は、なだらかな曲線を描いて大文字山につながっています。東山連峰の美しい連なりのひとつです。この眺めに、まだ日本列島がアジア大陸の端の一部であった時代の地殻変動やマグマ活動の跡を見ることができます。

地質の様子が最もわかりやすい、銀閣寺門前からの大文字山登山コースで、大地の歴史をたどってみましょう。銀閣寺への参道は扇状地形《せんじょうちけい》を緩《ゆる》やかに登り、総門へと続いています。道々、白っぽい岩石でつくられた石仏や灯篭《とうろう》などを散見することができます。そして、総門前には石が敷き詰められています。石仏などや石敷きの白っぽい石は花こう岩、石畳の黒っぽい石はホルンフェルスです。

ここでまず、石畳のホルンフェルスを観察してみましょう。角《つの》のように硬いというその名前が表すように、硬さが特徴の岩石です。マグマの熱に触れて変成したものだからです。石畳の石は泥質岩《でいしつがん》（泥を起源とする岩石の総称）が変成したホルンフェルスで、水に打たれると黒くつややかに見えます。表面に見つかるくぼみは、菫青石《きんせいせき》が風化した跡です。菫青石はホルンフェルスの中にできる青っぽい六角形の柱状の鉱物で、変成後の温度の低下や水の影響を受けて白雲母《しろうんも》などに変質すると柱状結晶の横断面が花びら模様に見え、整った形のものは「桜石」と呼ばれます。

桜石（大文字山）

八《はち》神社の前を曲がった辺りの崖がせまっているところでは、わずかですが、チャートや泥岩《でいがん》の地層が砕かれた状態になっている面が見えます。銀閣寺境内や法然院境内を通って南の桃山断層へと続いている鹿ケ谷《ししがたに》断層の一部です。断層とは地震によって地層にくいちがいが生じているところです。京都盆地の地形につながった地下の動きは数百万年前から見られ、数千年の単位で大きな動き（地震）が繰り返されて断層を生んできました。とくに近くの花折《はなおれ》断層は注目される活断層で、北白川扇状地では縄文時代の地層が断ち切られています。花折断層の末端部で、数十万年に及ぶ断層運動によって隆起してできたのが吉田山です。このような地形は末端膨隆丘《ぼうりゅうきゅう》といわれています。大の字から見下ろす吉田山は、胎動している大地の記録でもあるのです。

大文字川に沿って歩きながら、花こう岩に注目しましょう。花こう岩は、まだ日本列島がアジア大陸の端であったおよそ八〇〇〇万年前の中生代後期に、激しい火山活動によって貫入してきたマグマが、地下深部で数十万〜数百万年をかけてゆっくり冷えてできたものです。長石（おもに斜長石）、石英、黒雲母などの鉱物から成っています。ひとかけらを手にとってルーペで見ると、黒色や金色に光る薄い黒雲母、白色で平らな面がある長石、透明に近いために灰色に見えるガラス質の石英などの存在がわかります。大文字山の花こう岩は、カツレン石というシャープペンシルの芯のような形の鉱物が見られることも特徴的です。カツレン石は、一九〇二（明治三六）年、京都帝国大学の比企《ひき》忠《ただす》博士によって「太閤岩《たいこういわ》」と呼ばれる石切り場付近で発見されました。日本で初めての放射性鉱物の発見でした。

花こう岩は本来硬い岩石ですが、隆起によって地表に近づくと地下の圧

愛宕山より望む比叡山と大文字山の連なり

力から解放されたそれぞれの鉱物が性質に応じて膨張することで隙間ができ、そこに空気や水が入って風化が進みます。地表では昼と夜、夏と冬の気温差でも鉱物は伸び縮みし、とくに風化しやすい黒雲母と長石の境界がはがれやすくなります。山道脇では、玉ねぎの皮をむくように外側から風化した「玉ねぎ状風化」も観察できます。大文字川では、堰の一部が赤く染まり、川底に白い砂が溜まっています。赤く見えるのは、黒雲母に含まれる鉄分が酸化したものでしょう。白っぽい砂は、風化した花こう岩が水で洗われたもので真砂《まさ》と呼ばれ、京都では「白川砂」として庭園などで利用されてきました。

登山道を登ると赤茶色で粘土質の地面が現れます。花こう岩が雨などの酸性（空気中の二酸化炭素が溶けていて弱酸性）の作用を受けてできたものです。千人塚辺りにさしかかると、地面には黒っぽい石や灰色の縞模様のある石が目立つようになり、花こう岩地帯から変成岩であるホルンフェルス地帯に入ったことに気づかされます。ホルンフェルスは硬いため、風化せず侵食されず、大文字山と比叡山の頂上部を高く保っています。如意ヶ岳への尾根が高いのも、ホルンフェルス地帯だからです。

大の字の火床がつくられている斜面は、おにぎり型をしています。尾根が続いていた場所に断層が生じてできた平らな面（三角末端面）です。大の字からは、眼下に見える京都盆地の成り立ちにも思いを馳《は》せてみましょう。京都盆地は、数百万年前からの断層活動による隆起と落ち込みによって、形づくられてきました。一三〇万年前頃からは海進《かいしん》が七回ほどあり、砂や石が堆積して幾重にも層を成しています。海がもたらした粘土層の地層は盆地の周辺（伏見・山科・宇治・西山など）の丘陵地に見られます。大阪層群と呼ばれています。硫黄分が入っているほか酸性土壌でやわらかく、竹や茶の栽培に適しています。

ここからしばらくは堆積岩を観察しながら歩きましょう。京都盆地周辺の基盤となっている岩です。この堆積岩は泥や砂、そして生物の遺骸《いがい》などが二～一億年前頃に、長い時間をかけて海底で堆積してできたもので、海洋プレートで運ばれ、中・古生層（古生代から中生代に形成した地層）と呼ばれる古い地層を構成しています。盆地ではその上に新しい層が積もっていますが、山地では基盤岩が見られ、大文字山でも泥岩、砂岩、チャートなどの堆積岩が観察できます。チャートは約二億年前に陸地から遠く離れた深い海の底で放散虫《ほうさんちゅう》の死骸などが積もって固まったもので、ツルツルしてとても硬いことが特徴的です。強く打ちつけると火花が散ります。昔は火打石に利用されていました。また、貝やサンゴなどが積もって固まった石灰岩は、如意ヶ岳の東側の標高四〇〇メートルのところにほぼ東西方向に点在しています。石灰岩がマグマの貫入による熱で変成した結晶質石灰岩には珪灰石《けいかいせき》（スカルン鉱物）も見られ、「如意ヶ岳岡崎山のスカルン鉱物」として京都府レッドデータブックにも掲載されています。珪灰石は滋賀県石山寺の名の由来となったものです。

　三井寺に近い皇子《おうじ》が丘には珍しい形をした巨岩、千石岩《せんごくいわ》があります。神が宿る磐境《いわさか》として信仰されたのでしょうか。地表から浅いところでマグマが冷えてできた半深成岩で、石英や長石の結晶が見られます。さらに比良山系へと花こう岩地帯が続き、これらを含む滋賀県南部の火成岩の分布から、中生代後期にアジア大陸の縁《へり》で巨大カルデラができるほどの火山活動のあったことがわかるのです。

点在する結晶質石灰岩

岩峰千石岩

樹木観察の楽しさ

植生の移り変わり

森の植物観察にはいくつかの魅力があります。身近な存在でありながら、生命の歴史と力が感じられること、樹木の多様な生態を学べること、そして、森と人との深い関係性に気づかされることなどです。

植物はエネルギーの生産者です。植物のおかげで動物も命をつないできました。そもそも、生物の上陸は葉緑体を持つ緑藻類《りょくそうるい》（植物）が波打ち際から岩の上へと進出した約四億七千万年前に始まったとされます。体の細胞内に入り込んできた菌類の働きによって適応を果たしたものが、最初の陸上植物であるコケの仲間となったのでしょう。同じ頃、菌類が藻類と共生した地衣類も現れ、追うように上陸した小さな無脊椎動物と共に、それらの遺体は堆積して陸地に土ができていきます。その土に根を下ろして維管束《いかんそく》植物のシダの仲間が登場、やがて大型となってシダの森が形成されました。それが脊椎動物の上陸を可能にしたと聞くにつけ、私たちにつながる生物のはじまりには、やはり森があったのだと感じさせられます。

そして、約二億五千万年前のペルム紀末の大絶滅を経て登場してきたのが、針葉樹の祖先である裸子植物でした。それらによる中生代の森が約六千五百万年前に終わると、寒冷化に対応して種子に外皮を被《おお》った被子植物が繁栄に向かい、いよいよ新生代の森が形づくられていきます。

その後、「氷河時代」が約二六〇万年前に始まり、氷期と間氷期が繰り返されるようになると、植物たちは気温に応じて分布を変えてきました。それは、ヒト属が登場しホモ・サピエンスへの道をたどった時間と重なります。私たちが森に抱く畏れや親しみは、思いのほか古くに求められるのかもしれません。

ひとつ前の間氷期が終わってその後に訪れた「最終氷期」では、七万年前頃からとくに寒冷化が進み、二万年前頃は最も寒く乾燥した気候だったとされます。ホモ・サピエンスが日本列島にも到達していた時代です。湖や湿原に連続的に堆積した花粉の分析や遺跡・遺物の調査などによって、その頃からの植生が解明されてきました。

約二万年前、西日本は冷温帯落葉広葉樹を交えたモミやツガやトウヒなどの亜寒帯針葉樹林帯だったようです。今の間氷期に入り、一万年前頃に暖かさが安定してくると、西日本では暖温帯落葉広葉樹のコナラの仲間が増え、数千年前になって現在見られる常緑広葉樹林が発達してきました。

本州から九州にかけての日本列島では、冷温帯・暖温帯の広葉樹林が人の暮らしを支えてきたことがわかります。私たちは広葉樹の森の恵みに大きく依存してきたのです。大文字山周辺でも、山科盆地側の中臣《なかとみ》遺跡はすでに旧石器時代から人跡があったことを、京都盆地側の北白川遺跡群は縄文時代の長きにわたって集落が営まれていたことを物語っています。

弥生時代以降は灌漑《かんがい》稲作に必要な裏山の役割が大きくなりました。平安京が造営されると、東山の森は「都」の人口を支え続けました。肥料・燃料としての収奪が激しくなった江戸時代には、社寺の背後にスギ、シイなどの高木が見られるものの、大文字山はツツジなどの灌木やアカマ

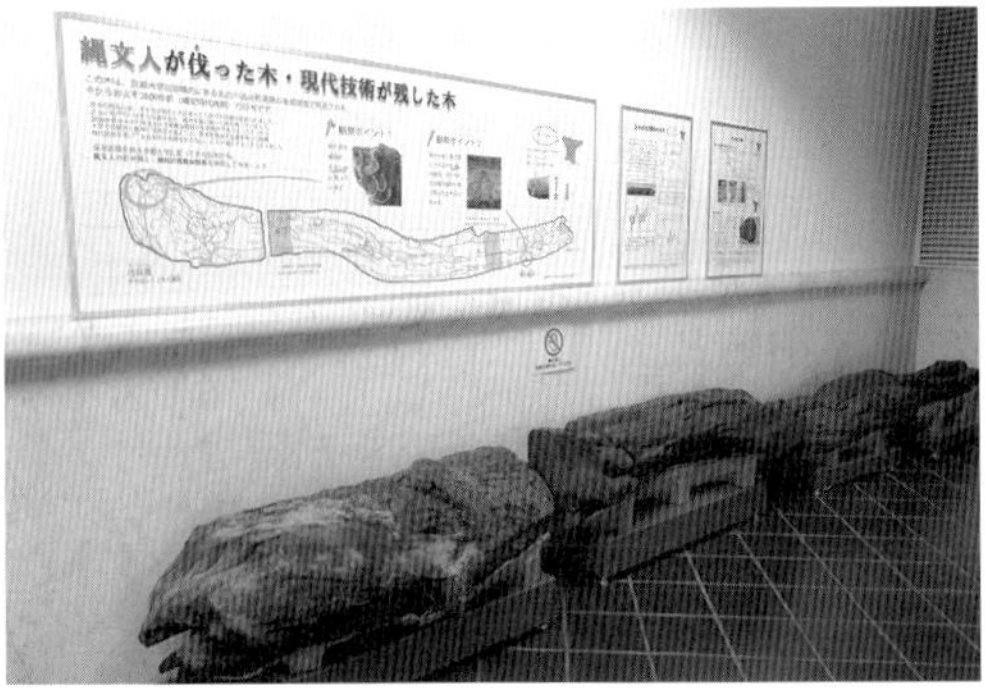

2600年前の伐採木（コナラの仲間）（京都大学総合博物館）

ツの疎林が目立つ山容だったとされています。

近世までは大文字山一帯でも山林の管理の仕組み（入会権《いりあい》など）があったことでしょう。しかし、明治時代の多くの社寺林の官有地化による伐採禁止に始まり、風致計画の実施、「エネルギー革命」による薪炭利用の消失などが重なって、森は地域の人々の手から離れました。近・現代の流れに大きな影響を受けるまま、現在に至っているのです。それでも、地形・地質の変化に富む大文字山は、様々な植物を観察することができる山です。ポケット図鑑などを片手に、森の木を訪ねてみましょう。

針葉樹

針葉樹の祖先である裸子植物が栄えたのは暖かな中生代でした。今も目にできる針葉樹の多くは、葉を厚くしたり細くしたり、加えて外生菌根《がいせいきんこん》（植物の根と菌類・共生菌との共生体）をつくったりして、その後の寒冷期を生き延びたものの子孫なのです。

麓に多いスギは、太古から出現した日本列島の固有種です。人の影響のない時代、広範な地域でゆったりと広葉樹と混生していた姿が目に浮かびます。まっすぐ伸びる、生長が早い、材が良いという性質から大文字山でもたくさん植林されています。新しい伐り株では年輪が数えられて、いつ頃に植えられたのかがわかります。風に根返りしたものは浅い根をしていました。大風にも地上部を支える深い根は、タネから発芽してその場に育ってこそ伸びるものなのかもしれません。谷筋を好むことからもわかるように、スギの根は水を求めて伸びていきます。十分な生長には地下の水や湿潤な土を必要とし、屋久島の屋久杉はその気候が生んだ優占の様子、日本一の樹高と計測された京都北山の花脊《はなせ》の三本杉は地下水脈が育んだ生長の様子です。

尾根に続く斜面などでよく出合うのは、ヒノキです。同じく暖温帯林の針葉樹ですが、こちらはやや乾燥した場所を好み、古来カシなどと混生していたとされます。小さな翼をつけたタネが倒木の上で発芽しても育つほどに根は強く、幹も軽くて強靭《きょうじん》です。そのヒノキ材のおかげで日本の木造文化は発展してきました。香りを心地よく感じることにもつき合いの古さを思います。現在の大文字山では、乾燥気味な頂上近くの尾根筋だけでなく広くスギに交じって植林され、麓の社寺近くでも育てられています。

スギやヒノキはきのこ（子実体）をつくらない菌類と共生しています。植林地にきのこが少ない理由です。地中のどこにでも胞子の形で存在する菌類の一群で、根を見つければ菌糸を伸ばして細胞に入り込んできます。この共生方法は植物の上陸時に由来するもので、スギ、ヒノキ以外の樹木でも、肥沃、温暖、湿潤な場所に暮らす種類が受けついでいます。

尾根筋まで登ると、若々しいアカマツの姿に出合えるでしょう。マツ科のマツ、モミなどは、きのこをつくる共生菌の力を借りて、寒かったり、乾燥したり、土壌条件が悪かったりという厳しい環境下で生きのびてきた針葉樹です。共生菌の菌糸は根の細胞には入り込みません。外生菌根で、菌糸が吸収したリンや窒素などの栄養素を樹木に渡し、樹木が光合成で得た糖分を受け取っています。マツタケは、貧栄養なところでアカマツが共生相手とする菌類のひとつです。

アカマツが伸ばす新しい枝は長いため、枝や節などで年ごとの生長がわかり、年齢を数えることができます。受粉後の雌花が膨らんで二年目の秋に松かさへと熟していく様子も観察できるでしょう。まるくつく松かさは、タネが滑り出るよう下を向き、雨の日にはタネが出ないように

山麓のヒノキ林

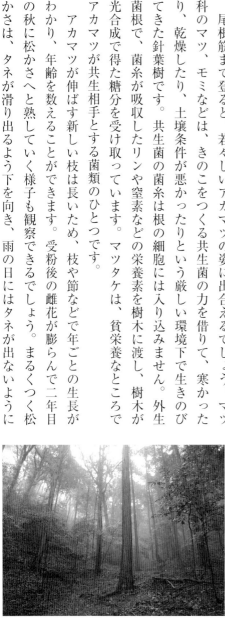

細く閉じています。タネは、長い翼で晴れた日の風に乗り、新天地を目指すのです。芽生えは乾燥や紫外線に強く、岩場などでも育つ力をもち、松脂成分によって様々な食害にも対抗しています。

この強《したた》かさが、人の影響下で力を発揮しました。収奪によって明るくなった山にぴったりだったからです。京都盆地周辺でも弥生時代以降、急激にアカマツが増え、近世には、マツを指標に森の様子が表わされていたほどでした。

現在の大文字山の様子は、明治から大正時代に北アメリカ大陸から入ってきたマツノザイセンチュウによって多くのアカマツが失われていった後のものです。マツ枯れ後の尾根などによく見られるソヨゴやネジキはここでも増えて、常緑のヒサカキやクロバイなどと共に藪《やぶ》化してきました。「ふくらしば」の別名に柴として重宝されたことがわかるソヨゴは萌芽《ほうが》も旺盛です。それらが手入れされた場所では、明るくなった途端にアカマツが芽生えて、ティーンエイジャーになってきています。銀閣寺山国有林では植えられた苗木も育ってきました。太い根を下ろす性質からか、若木のしなやかさからか、大風にもよくもちこたえています。マツ枯れ後の世代がマツノザイセンチュウへの抵抗力をつけることを願って、里山利用のサイクルに倣って使いながら世代交代を見守るのも、地掻《じか》きを行って幼木が育ちやすく保つのも、「送り火」の山ならではの手入れだと思われます。

温帯林の構成種であるモミも、尾根や麓に見られます。麓のコケから顔を出した立派なイボテングタケの近くを見上げると、常緑樹に交じって高木に育ったモミが、横枝を張っていました。

アカマツと花をつけたクロバイ

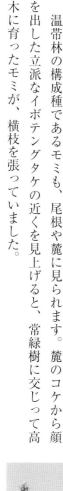

広葉樹

次に、大文字山で出合える主な広葉樹を観察してみましょう。まず目に入るのは、ブナ科の仲間です。ブナ科も、マツ科同様、外生菌根によって自然植生の中心を担っています。子葉を閉じ込めるシイ、カシ、ナラなど堅果（ドングリ）への進化は古くに始まったとされ、常緑樹や落葉樹、開花の翌年に受精して結実するものや開花の年に結実するものなど、様々な姿が見られます。コジイ（ツブラジイ）やアラカシは全山に、ナラ枯れで減ったものの中腹にはクヌギやアベマキ、中腹から尾根にかけてはコナラやクリなどが見られます。また、如意ヶ岳の尾根筋には萌芽更新しながら大きく育ったアカガシが見つかります。

コジイは生長が早い高木の常緑樹です。実は二年目に熟します。ブナ科らしく根は貫入する性質を持って場所を選ばず育ち、萌芽更新もします。仇《あだ》となるのが、雑なままに生長し、材に腐りが入りやすいことです。大文字山の京都盆地側でも先駆的に伸びて高さを誇っていましたが、せいて頭でっかちに育ったものは大風に折れたり根返りしたり、引退を免《まぬが》れることができませんでした。それでも、おいしいシイの実を待つ動物は、ムササビ、ニホンザル、イノシシ、ノネズミ、ヤマガラ、アオバト、そして私たち人間とたくさんいます。適した場所で頑丈なコジイが育っていって欲しいものです。

落葉樹のコナラにも注目しましょう。よく萌芽するために薪炭として利用され、かつては常に若々しく里山林の風景をつくり出していました。実は開花の年に熟す一年成で、なり年の翌春には芽生えも見られるでしょう。ドングリの先から根を伸ばして冬を越し、そこから本葉を広げています。いろいろなドングリたちの先がどれも尖っているのは、鳥や動物に発根発芽する先端ではなく横やへそ側をくわえてもらうための工夫、殻斗《かくと》は、実が小さくて柔らかいときに昆虫の産卵管から守るための覆いの名残なのです。

コナラは、ドングリをタンニンで渋くすることで、虫害や動物による過剰な被食から逃れようとしてきました。木の実の甘さ渋さとは進化の過程で獲得した性質なのでしょう。樹木が種子散布によく利用してきたのは鳥でした。液果も多く、緑の補色である赤、黄色の補色である紫、紫外線も見える鳥への合図となる黒紫色などに色づいて中にタネをひそませ、甘く、または渋く熟して、鳥にうまく食べられる工夫をしています。

麓でシイに交じって高木に育っているクスノキも鳥散布で増えます。全身が樟脳《しょうのう》成分に満ちていて実の渋さも群を抜いていそうですが、ヒヨドリなどがタネを運んでいます。実の渋みとは、いちどきに食べられず、長く広く散布してもらう作戦ともされるのです。

クスノキは葉にダニ室を持つことから、南方系の樹木であることがわかります。その腐りにくい材は古代から舟などに使われ、人に植えられて亜熱帯から暖温帯へと分布を広げたといわれています。カシに似ているけれども材はカシほど優れないと名付けられたクスノキ科のイヌガシも見つかることがあり、春に密集して咲く小さな紅い花が常緑の葉に映えています。また、中腹では、落葉するクスノキ科の、香りのよい枝を小楊子に使うことで知られるクロモジや、枯れた葉をつけたままの姿で冬を過ごすヤマコウバシなどにも出合えるでしょう。

麓辺りには常緑樹が多く、葉の厚いサカキ、早春に小さな花が咲くヒサカキが見られます。堅い殻で油分を含むタネを守るヤブツバキは幹の白さが特徴的です。タネはアカネズミに運ばれて埋められるこ

ヒサカキの花

ともあるようです。乾燥には弱いのですが、適した場所ではよく発芽してきます。カナメモチは材が重いことで知られる木で、ちらほらと真っ赤になって落ちる鋸歯《きょし》の鋭い葉や、晩秋の房状の赤い実が目にとまります。ナナミノキの照りのある実も、シカによってすっかり減った低木のアオキやアリドオシの実も、常緑の葉の中で目立つ赤色に熟し、渋い果肉でタネをくるんでいます。

麓から中腹では、落葉樹のムクノキ、エノキ、ケヤキにも出合えます。肥沃な土壌を好み、谷筋で大木に育っています。ムクノキとエノキは鳥散布、ケヤキは風散布で増えます。甘いムクノキの実は、食べられてフンで蒔かれるだけでなく、嘴《くちばし》からこぼされる種蒔きもあるようです。ケヤキはタネのつく枝の葉を小さくして翼にし、風に乗ろうとしています。中腹から尾根近くの谷筋には落葉樹が多く、鳥に運ばれたタマミズキ、ヤマザクラ、カスミザクラ、ウワミズザクラ、アオハダ、コシアブラ、タカノツメ、エゴノキ、風に運ばれたイロハモミジ、ウリハダカエデ、ヤマモミジ、オオモミジなどの姿が、それぞれの散布の成功を伝えています。

カバノキ科のイヌシデ、アカシデは紙垂《しで》のような果穂《かほ》のタネが飛んで増えたのでしょう。どちらも中腹に多く、千人塚辺りも秋の色づきが美しいシデ林です。カバノキ科は外生菌根によって旺盛さを身につけた仲間で、ブナ科と共に各地の自然植生を担ってきた樹種です。

尾根近くでは、樹皮に模様があるリョウブも目立ちます。古くから新芽は救荒食物として利用され、人に育てられてきました。材は美しい柱や上質の木炭になります。夏に咲く花はソヨゴとともにニホンミツバチの蜜源として知られ、蜜が採れるのは数年に一度ほどらしくより貴重品です。房

シデの芽吹き

状にぶら下がる蒴果《さくか》は風散布もされますが、ウソは好んで食べるようで、初冬の大文字山でもリョウブ近くでウソの鳴き声を聞くことがあります。

尾根筋では、ツツジ科の樹木に注目しましょう。早春にはアセビの花が頂上近くの尾根道などを飾り、六月頃にはネジキの花が広く香ります。ネジキは冬芽も赤くて美しいことで知られます。秋には鳥が大好きなシャシャンボやナツハゼなどの実にも気づかされます。

春にアカマツ林の下層で競うように咲いていたコバノミツバツツジの姿は、シカによって見られにくくなりました。それでもシカよりも高く背を伸ばした枝の開花はとても華やかです。よく萌芽するため、良質の柴として使われてきました。粘土質を好むモチツツジは、ガクなどの腺毛に粘り気があります。虫害を防ぐとりもち作戦のようです。

ツツジ科の木々が貧栄養な尾根などに多いのは、進化の過程でツツジ型菌根による共生方法を獲得したためです。自身の根も糸のように細くして菌糸を引き込み、菌根をつくって厳しい環境を生き抜いてきました。ツツジ科の仲間は極地や泥炭地、高山、火山などでも優占する様子が見られます。ツツジは園芸にもよく使われ、酸性土壌の指標植物とされます。雨がよく降る温暖な日本列島では、褐色森林土は広く酸性を示します。森にツツジ科が多い理由なのでしょう。

コケの散歩道

微地形の起伏に富み、湿度に恵まれた大文字山では、コケ植物やシダ植物もよく観察できます。太古から変わらない生き方を感じ、保全の重要性にも思いを馳《は》せたいものです。

コケ植物は蘚苔類《せんたいるい》とも呼ばれ、日本には約一七〇〇〜一八〇〇種類が生息しています。スギゴケに代表される蘚類、ゼニゴケに代表される苔類、そして種類の少ないツノゴケ類が含まれます。それらの相互関係や維管束植物との関係については、あまりわかっていません。

コケたちは、薄い体を仮根《かこん》と呼ばれる細いもので固定しているだけの、とにかく小さな植物です。ほとんどの種類で葉は一層の細胞からなり、雨や空気中の水分が結露したものを直接吸収しています。大文字山によく霧が立ち込めることもコケの豊富な理由だと考えられます。湿度に応じて細胞に含まれる水分量は変わり、乾燥すると縮んで休眠状態に入ります。そして再び水が得られれば、また葉を広げて光合成を始めるのです。厳密に名前を同定するのは難しいものも多いのですが、森を散策しながらその魅力に近づいてみましょう。

ジャゴケ（雄株）

湿った登山道脇や流れ近くの岩などに群生しているのは、苔類のジャゴケです。葉状体の表面にあるヘビ（蛇《じゃ》）の鱗に似た点々の模様は気室孔《きしつこう》といい、空気の交換をしているともされています。春に、雄株はボタンのような雄器托《ゆうきたく》を、雌株はきのこのような雌器托《しきたく》をつけ、そこから胞子体がぶら下がっています。ヒメジャゴケ、表面に毛があるケゼニゴケなども麓の森で観察することができます。

蘚類では、ウマスギゴケが社寺の庭園などによく見られます。群落をつくり支え合いながら湿度を保っています。先端の色鮮やかな葉が新芽で、前年の葉の上に出ます。三回ほど更新すると枯れて、新たに芽生えてきます。雄株と雌株の群落がやや離れたところにいることが多く、受精には雨による水の流れが必要です。麓から谷筋ではナミガタタチゴケ、コバノチョウチンゴケ、エダツヤゴケ、ホソバオキナゴケ、ヒノキゴケ、コツボゴケなどにも出合えるでしょう。登山道脇や切り通しになったところにはトヤマシノブゴケやホウオウゴケの仲間なども見つかります。

　森のコケは、野鳥の巣材によく使われます。オオルリの古巣は蘚類で固められ、蒴《さく》の柄が産座に編まれていました。メジロの吊り巣もコケが多いと緑色に見えます。シジュウカラ、ヤマガラなどの巣材にも重ねられ、使い終わったコケと獣毛の絨毯《じゅうたん》にコマルハナバチが巣をつくった様子も見られました。

　小さなものを「小木《こけ》」や「小毛《こけ》」と呼んでいた日本語の名残で、コケとつくものには地衣類やシダ植物も含まれます。エナガ、サンコウチョウなどが巣材に使うウメノキゴケは、チャシブゴケ目の菌類が緑藻類を取り込んで共生している地衣類です。哲学の道のサクラの幹にウメノキゴケの仲間がたくさんついているのは、疏水によって湿気が保たれているためでしょう。空気が汚染されていない証しでもあるとされます。石垣などに多いスミレモは陸上で生活する緑藻類で、カロチノイド系の油脂を葉に溜めていてオレンジ色に見えます。スミレモを共生相手にしている地衣類はモジゴケ、ホソモジゴケ、スジモジゴケなどの名前を持っています。

　コケや地衣類のそばでは、小さなシダ植物に出合うこともできるでしょう。コケは支えるだけの仮根ですが、シダは陸地に土ができて登場したため、吸収の働きをする根を持ちます。名前にコケとつくシダ

ウマスギゴケ（雌株）

ではクラマゴケの仲間がよく知られます。ウチワゴケも、かわいいシダです。

受精に水を必要とするのはコケ植物と同じで、シダも谷筋や流れの近くに多いのですが、一方で明るい尾根の微地形の窪みに暮らすシダもいます。起伏と流れを持つ大文字山がシダの生育に向いていることがわかります。シカが好まないイワヒメワラビ、コシダ、オオバノイノモトソウのほかは減ってきましたが、麓から登りながら、うまく残っているベニシダの仲間、トウゴクシダ、リョウメンシダ、ジュウモンジシダ、シシガシラ、ウラジロなどを観察してみましょう。太い幹や岩からはノキシノブが葉を伸ばし、流れの近くの樹木や岩などにはマメヅタもはっています。

きのこの世界

私たちが「きのこ」と呼んでいるものは、菌類（キノコ）が子孫を残すためにつくる子実体《しじったい》です。植物にたとえると花や実の役割を担う器官で、その本体は菌糸なのです。菌類にはキノコとカビと酵母が含まれます。それではまず、「きのこ」への道のりを考えてみましょう。

菌類は栄養をほかに求める生物です。四億七千万年前頃の緑藻類の上陸を可能にしたのは、その細胞に入り込んで栄養を吸収しながら植物に水分などを供給した菌類の働きでした。約三億年前のシダの森の時代には植物遺体を分解する菌類はまだ存在せず、大型シダの倒木は石炭となって、「石炭紀」という名称を生んでいます。

その後、ペルム紀末などの大絶滅による大量の遺体がきっかけだったのか、腐らせて栄養を得る菌類が現れます。植物遺体に菌糸をまわして分解するものも出現し、そのなかから、きのこ（子実体）をつくり胞子を空中に撒く菌類、腐生菌《ふせいきん》が生まれたとされています。

やがて中生代が終わると、次はそのなかから、樹木の根とつながって外生菌根をつくり、そこで光合成で生産された糖を受け取り、菌糸が集めたリンや窒素などを樹木に与えるという共生菌が現れました。キノコによる活発な腐生と積極的な共生によって森が持続可能となったことは、新生代の大きな特徴といえるでしょう。

現生種でも、腐生菌の多くは木材腐朽菌《ふきゅうきん》と呼ばれ、倒木や伐り株、落枝、地中の材や枯れた根などを分解しています。腐生菌には動物のすみかやフンなどの排泄物を分解しているものもいます。いずれも森の土をつくりだす重要な存在です。

共生菌として有名なものにマツタケがあります。少し前まで大文字山の稜線はほぼアカマツ林で、マツタケの見張り小屋が建つほどでした。マツタケは、アカマツと共生して細菌などを追い出し菌根の塊であるシロをつくります。シロがなければ子実体は顔を出しません。マツタケがほとんど見られなくなったことは、他の菌類にも変化が生じているしるしかもしれないのです。

では、現在の大文字山ではどのようなきのこが観察できるでしょう

マントカラカサタケ

クリタケ

か。まず目立つのは木材腐朽菌です。サルノコシカケの仲間、カワラタケ、ワヒダタケ、ウチワタケ、モミジウロコタケ、ウマノケタケ、ヒイロタケなどの硬いきのこのほか、ロクショウグサレキンの仲間やビョウタケの仲間、湿ると柔らかになるキクラゲの仲間などもよく見られます。ムササビタケ、クリタケ、ニガクリタケ、マツオウジなども倒木や地中の枯れた根から伸びて傘を広げています。スギ林ではスギヒラタケも見られるでしょう。

　地面から伸びているカラカサタケ、マントカラカサタケ、ムラサキシメジ、ホコリタケなどは地中や地上の落ち葉などに菌糸をまわしています。スッポンタケ、サンコタケ、キツネノエフデ、ツマミタケなどは強い臭いが特徴的です。梅雨の頃の早朝、麓の竹林ではスッポンタケの仲間のキヌガサタケが見られます。枯れた地下茎などに菌糸をまわしているのです。レースをまとった姿から「きのこの女王」と呼ばれますが、午前中には傷み始める短命なものです。黒くて粘性のある頭（グレバ）に胞子を溜《た》めて、強い臭いと白いレースで昆虫を呼び、食べられてフンで出されることや脚につくことによって胞子を撒いてもらおうとしています。大きなキヌガサタケにはたくさんのシデムシの仲間やハエなどが集まってきます。

　きのこをつくる菌類は、どれも植物を元気に保つ役割をしていることがわかってきました。腐生菌として知られていても、樹木の健康に

キヌガサタケ

クチベニタケ

寄与しているものも多いのかもしれません。

もちろん共生菌にも出合えます。シイ、カシ、ナラなどと共生しているとされるものはベニタケ科のベニタケ属の仲間、イグチ科のヤマドリタケ属の仲間、イグチ科では珍しく襞《ひだ》を持つキヒダタケ、イグチ類の近縁ともされるクチベニタケなどです。アカマツ林では、ベニタケ科のチチタケ属の仲間、テングタケ科のコテングタケモドキやイボテングタケ、フクロツルタケなどが見つかることもあります。

森では冬虫《とうちゅう》夏《か》草《そう》にも注目しましょう。昆虫やクモ類に寄生する菌類の総称です。アブラゼミやヒグラシの幼虫に寄生するオオセミタケは、地面から太いマッチ棒のようなきのこを出します。クモタケはキシノウエトタテグモに寄生し、石垣やコケの間などから棍棒状のきのこを伸ばします。その上部には粉をふいたような胞子が見られるでしょう。

きのこは湿度と温度の条件がそろうと顔を出します。雨量も決め手となり、梅雨と秋の頃によく見られます。きのこ観察を楽しむことは、すなわち森を見ることなのです。そして、菌類のネットワークが陸上の生態系を支えていることも伝えてもらえます。

ただ、ナラ枯れ後などに発生する赤い棒状のカエンタケは猛毒で、少し触れただけでもかぶれます。また、毒きのこの誤食事故も後を絶ちません。きのこの魅力を減退させないよう気をつけたいものです。

クモタケ

イボテングタケ

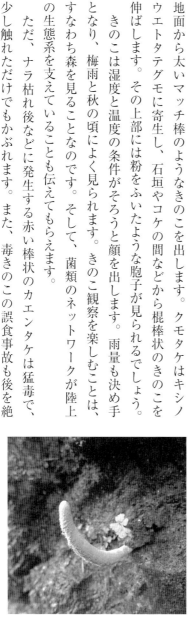

バードウォッチング

野鳥は身近な野生動物です。大きさ、羽毛の色合い、さえずり、そして、生態にもそれぞれ特徴があります。季節によって違う種類が見られることにも、観察の楽しみがあります。大文字山一帯では多くの野鳥と出合うことができます。代表的なものを紹介しましょう。

野鳥観察を始めるには、落葉樹が葉を落としている季節が最適です。一年中、身近な森などにいるシジュウカラ、ヤマガラ、メジロ、コゲラ、エナガなどは、寄り集まって餌を探しながらこずえを移動しています。しばらく木に化けたつもりで観察してみてください。様々な動きに野鳥観察の面白さを感じます。

シジュウカラ、ヤマガラはよく出合える鳥です。体の色合いは違いますが、生活様式が似た小型の樹林性の鳥で、カラ類と呼ばれます。「ツツピー、ツツピー」という鳴き声のフレーズはカラ類の特徴です。鳴き方は種類と場合によって異なりますが、最近の研究でシジュウカラは文法があるかのように複数の鳴き方をしていることが報告されました。ヤマガラは、あまり人を恐れず間近で観察できます。「ニーニー」と少し鼻にかかるような地鳴きも特徴的です。コジイやエゴノキの実を樹皮のすき間や崖の土などに隠す貯食《ちょしょく》行動は、食べ忘れることもあって種子散布に役立っているようです。

メジロは、体の黄緑色と目の周りの白いアイリングが目立ちます。繁殖期以外は群れで行動することもあり、数羽でひしめいて休む姿から「目白押し」という言葉が生まれました。冬から早春にはヤブツバキやサザンカの花を訪れて嘴に花粉をつけながら蜜を吸い、花粉の運び手となっています。

コゲラは、スズメほどの小さなキツツキです。キツツキの特徴は、多くの鳥が後ろに一本、前に三本の指を持つのに対して、前後二本ずつの指で幹などに垂直にとまり移動できることです。尾羽でも体を支え、幹を叩きながら動き回り、音の響き方で幼虫の居場所を探す様子が観察できるでしょう。「ギーギー」という地味な鳴き声ですが、警戒して「キキキッ」と鋭く鳴くこともあります。縄張り宣言や求愛の季節には、短いながら木を連打（ドラミング）します。同じキツツキ科のアオゲラやアカゲラの春のドラミングは、森に長く強く響き渡ります。アオゲラの「ピーッピーッ」とよく通る鳴き声も特徴的です。キツツキは弱った木の幹などを穿《うが》ち巣をつくるため、番匠《ばんしょう》鳥《どり》（番匠＝大工）と呼ばれます。森の更新に一役かっているのです。

エナガは、ぬいぐるみのように愛らしい尾羽の長い鳥です。枝にぶら下がり種子などをついばみます。二月に入る頃から早くも求愛行動が始まり、三月頃には巣作りが見られます。クモの卵のうやガの繭《まゆ》などから集めた糸でウメノキゴケを編み込んで袋状にし、動物の毛や鳥の羽毛などで分厚い内装を施《ほどこ》します。落ちていた巣をのぞくと、ふわふわとして心地よさそうでした。つがい以外の個体が子育てを手伝うこともあるようです。

林縁や森の地上では、小さな群れで餌をついばんでいるホオジロやアオジを見かけます。春が近づくと、複雑なさえずりを聞かせてくれる鳥たちです。同じホオジロ科のクロジは藪などを好み、姿を見る機会は少ないものです。

エナガの巣

早春のエナガ

大きな群れをつくっているアトリは、スズメをやや大きくしたサイズで、からだの橙《だいだい》色が目立ちます。カエデなどの種子を好んで食べています。同じアトリ科のカワラヒワは、翼の黄色の帯が目立ちます。「キーヨコキー」などと澄んだ声でさえずり合うイカルもアトリ科です。からだは一回り大きく、太く短い黄色の嘴でムクノキやエノキなどの実を食べる姿から「豆まわし」の異名があります。冬季は群れをつくることが多く、大勢で実をついばんだ後の地面に、食べかすが散らばっていることがあります。

単独で冬越しをしていてよく出合う鳥にルリビタキ、ジョウビタキ、シロハラがいます。冬鳥のジョウビタキは林縁や人家近くなどで縄張りをつくります。「ヒッヒッ」「クワックワッ」という鳴き声も特徴的です。オスのからだの下面は橙色で、黒い翼に白斑が目立ちます。冬鳥のシロハラは地上で賑やかに落葉をかき分けて餌を探しているでしょう。ルリビタキは高山帯で繁殖し、冬には里へ下りてくる漂鳥《ひょうちょう》です。オスはからだの上面の青が目立ちます。地面近くにいることが多いのですが、あまり人を恐れず、よく観察できます。

二月の終わり頃には、それまで「チャ、チャ」と地鳴《じな》きをしていたウグイスの初音「ホー、ホケキョ」が聞こえてきます。オスがなわばりを守り、メスへのアピールを始めたのです。夏近くまで続くさえずりはずっと独身のオスか、繁殖に失敗したオスによるものです。巣はササや枯れ葉を編んでつくりますが、シカによってササが減ってきたため、ウグイスも困っていることでしょう。最近、外来種のソウシチョウが大文字山一帯でも見られるようになりました。「フィ、フィ」と群れで鳴き交わしています。自然分布は中国南部、インドシナ半島、インドなどで、産業用、飼育用に輸入されたものが

ソウシチョウ

逃げて各地で増えています。さえずりや羽の色は美しい鳥ですが、生息環境が似るウグイスなど在来種への影響が心配されています。

野鳥と出合うにはさえずりに耳を澄ますことも大切です。複雑な鳴き声は人のことばに置きかえて聞きとる「聞きなし」で覚えるのもよい方法です。ウグイスの「法、法華経」、ホオジロの「一筆啓上仕り候《いっぴつけいじょうつかまつりそうろう》」などは有名です。夏鳥の季節がやってきたことを告げるセンダイムシクイは「焼酎《しょうちゅう》いっぱい、グイー」と聞きなされていてユニークです。

四月頃には、まるで虫のように「シーシーシー」とさえずるヤブサメも到着します。藪に雨が降る様子を連想させられるという鳴き声からの名前です。続いて、オオルリやキビタキなど、美声の持ち主も渡ってくるでしょう。オオルリは高い梢などで「ピールリ、ピールリ、ジェジェ」とさえずり、キビタキは笛のようによく通る声でさえずります。サンコウチョウの声を聞くこともあります。「月《ツキ》、陽《ヒ》、星《ホシ》」と聞きなされる三光のさえずりに「ホイホイホイ」と軽やかなフレーズがつきます。また、コマドリも渡りの途中に立ち寄り「ヒーン、カラカラ」という駒《こま》（ウマ）のようだとされる美しい声を聞かせてくれます。初夏にはホトトギスもやってきて、「テッペンカケタカ」と聞きなされる強い調子の声が夜まで続くことがあります。

猛禽類《もうきんるい》にも目を向けてみましょう。大の字火床周辺を旋回するトビの姿は一年を通じて見られます。森にはオオタカやハイタカも生息しています。オオタカは全長五〇センチと大きく、「蒼《あお》きタカ」の名のように青みを帯び、キジバトやアオバトなどを捕食します。ハイタカは小鳥を捕食し、木に群れ

梢にとまるイカル

る鳥を目がけて突っ込む姿は「はやきタカ」の名前通りです。食物連鎖の頂点に立つ猛禽類たちが見られることに、自然の豊かさを感じさせられます。タカには渡りをするものも多く、渡りの季節には山上をいくつかの種類が通過していきます。

麓では水辺の鳥も見られます。サギやカモの仲間が疏水や社寺の池などに生息し、また、訪れます。アオサギは日本最大のサギです。ゴイサギは「夜ガラス」とも呼ばれるように「グワ、グワ」と鳴きながら陽が落ちた空を飛んでいきます。マガモやカルガモはおなじみです。水辺で暮らすカワセミも目立ちます。「翡翠鳥」と書くように、背から尾羽のつけねの上面にかけてのライトブルーの色合いが美しく、「ツィーッ」と鋭い声を出しながら水面を一直線に飛んでいきます。繁殖期のオスは獲物をメスに与える求愛給餌の行動をとります。

最後に夜の鳥たちを紹介しましょう。留鳥《りゅうちょう》のフクロウは大木の洞《うろ》に営巣し、二月頃にはオスとメスが鳴き交わす声が夜の森に響き始めます。ときおり聞こえる「ギャー」というメスの声には驚かされます。うまくつがいができれば五月初旬にヒナが巣穴から顔を出すでしょう。フクロウの仲間のアオバズクは夏鳥で、五月中旬に渡ってきて営巣し、陽が沈む頃から「ホッホッホッ」と単調なリズムで鳴いています。灯火にきた虫をフライングキャッチで捕える姿は英名のBrown hawk-owlの通り、タカのように精悍《せいかん》です。夏にはヒナに飛び方を教える様子に出合うこともあります。甲虫の頭に嘴のあとが残る食べかすも拾えました。

それぞれの野鳥たちの特徴を、知れば知るほどその世界に魅了されるものです。野鳥への心遣いを忘れずに大文字山でのバードウォッチングを楽しんでください。

昆虫の魅力

季節の変化を細やかに感じさせてくれる生きものが昆虫です。早春の山道では、成虫で越冬していたテングチョウ、ルリタテハ、ムラサキシジミなどに春の兆しを感じさせられます。天狗の鼻のような突起があることからその名がついたテングチョウは翅《はね》を広げて陽を受けていますが、目立つことは危険がいっぱい、しばらくすると翅を閉じ、裏側の地味な色で枯れ葉に擬態《ぎたい》です。暖かくなれば幼虫の食樹であるエノキの新芽に産卵します。瑠璃色《るりいろ》の帯模様が美しいルリタテハの食草はサルトリイバラやホトトギス科やユリ科の植物、翅の表が青紫色に輝くムラサキシジミはシイ・カシ類が食樹です。

季節が進むと様々なチョウたちも舞い始めます。谷筋のエノキの落ち葉の下で幼虫越冬をしていたオオムラサキもそのひとつです。越冬中は地味な色合いになっていた幼虫は春の訪れと共に幹を登り、また緑色になって若葉を食べて成長し、夏前に蛹《さなぎ》になり夏に羽化《うか》します。タテハチョウ科のなかでも大きく翅の模様も目立ち、特にオスの青紫色が美しいため、日本昆虫学会で国蝶に指定されました。樹液を吸いにクヌギなどを訪れますが、越冬できる環境や樹液を得る雑木林が少なくなり、全国的には減少傾向にあります。

同じタテハチョウ科のゴマダラチョウの幼虫もエノキの落ち葉で冬を越します。よく似たオオムラサキの幼虫とは背中の突起の数で見分けますが、乾燥に

春の陽をうけるテングチョウ

強く、町なかでも見つけることができます。成虫は黒に白の斑《まだら》のシンプルな色です。森にはアゲハチョウの仲間も多く、なかでも青緑色に輝く翅を持つミヤマカラスアゲハには目を引かれます。食樹のカラスザンショウは山中によく見られます。

夏前には、麓の哲学の道でキマダラルリツバメに出合うこともあります。サクラの古木のすき間に棲《す》むハリブトシリアゲアリと共生するシジミチョウの仲間です。シジミチョウは幼虫時代にアリと共生関係にあるものが多いことで知られています。餌をもらい育ててもらうだけのものもいて、キマダラルリツバメはその類です。孵化《ふか》するとすぐにアリの巣に入り込み、越冬を経て蛹になるまでアリの養育を受けます。クロオオアリに育てられるクロシジミは大文字山にも生息していたようですが、環境の変化もあり、ほとんど見られなくなりました。早春から見られるムラサキシジミの幼虫は葉で巣をつくり、蜜を出してアリを呼んで護衛してもらっています。アリとシジミチョウの関係は不思議に満ちています。

ヤママユの幼虫

山のコナラが緑を増す頃、葉に隠れていたのはヤママユ（天蚕）の幼虫でした。勢いよく葉を食べて成長し、四回の脱皮を経て夏前には繭《まゆ》をつくり、夏の終わりまでに成虫が羽化してきます。繭は俵型で、葉を背にしていることが特徴的です。採取される天蚕糸《てんさんし》は繊維のダイヤモンドとも呼ばれて、飼育もされています。ヤママユの仲間のヒメヤママユ、クスサン、ウスタビガ、オオミズアオも生息し、冬の枯れ枝や山道にそれぞれ特徴的な繭を発見することがあります。

春には、ハナバチたちも活動を始めます。麓から尾根まで、蜜や花粉を求めて飛び交う姿に出合います。植物と共進化しつつ、花の形や色や香りなどに影響を与えてきた昆虫です。草も木も、ハナバチに花粉を運んでもらっているものはとても多いのです。大文字山でよく見かけるのはニホンミツバチ、クマバチ、マルハナバチ、コマルハナバチなどです。どれも温厚な性格ですが、そっと観察してください。ニホンミツバチは樹木の洞などに巣をつくり、うなるような羽音を立てて、スズメバチやダニなどの外敵と戦いながら子育てに励んでいます。山道や開けた場所ではクマバチのオスがホバリングしています。縄張りを主張してメスを探しているところです。英名が「カーペンター・ビー」であるように、メスは枯れ枝にまん丸の穴をあけ、トンネル状に掘った枝の中に仕切りをつくって子育てをします。丸い穴があいた枝はまるで笛のようです。フジの花がクマバチに受粉してもらうことはよく知られています。

初夏の尾根などで聞こえてくるのは、ハルゼミの「ジージー」という単調な声です。マツ林に生息する小型のセミで、夏の到来を予感させられます。夏の盛りの早朝と夕方に森に響くヒグラシ（カナカナゼミ）の声は涼やかで、終盤にはツクツクボウシやミンミンゼミが夏を惜しむように鳴いています。

森には様々な甲虫も生息しています。アベマキ、コナラなど餌となる樹液を出す樹木も多く、子供たちに人気のカブトムシやクワガタムシの仲間が山中で見つかったり、山麓の灯火に飛来したりします。山地性のミヤマクワガタも生息していますが、その数を減らしてきたようです。

山道では、動物のフンを食べるフン虫であるセンチコガネやオオセンチコガネの光沢のある姿がよく目にとまります。樹皮下や朽木で幼虫が成長し、成虫はエノキなどの葉を食べるタマムシも、麓辺りで見られます。その翅の構造色による美しい色合いは昔から人を惹《ひ》きつけてきました。同じ仲間でも尾根のマツ林近くで見かけるウバタマムシは、地味な色をしています。

コメツキムシ科のウバタマコメツキにはマツ林近くで、それより大型で紋のあるフタモンウバタマコメツキには山腹で出合えました。その幼虫が樹皮下で、マツ枯れをおこす線虫の運搬者であるマツノマダラカミキリの幼虫を食べているのではないかと注目されているようです。

ハゼノキなどの樹液を吸うハートのような斑紋を背負ったエサキモンキツノカメムシ、小さな白い二つの紋が目立つニワハンミョウなどにも目を楽しませてもらえます。

でんでん虫と呼ばれるカタツムリ（陸生巻貝）の仲間では、山中ではオオケマイマイやニッポンマイマイ、麓近くでは大ぶりのイセノナミマイマイや樹上性のクチベニマイマイなどに出合えるでしょう。

オオケマイマイ

アニマルトラッキング

大文字山には多くの哺乳動物が生息しています。野生の哺乳動物と出合うには、動物の生活の痕跡《こんせき》（フィールドサイン）を見つけて観察することが大切な方法です。痕跡があれば、そこは動物の行動圏なのです。

まず、登山道で見つかるのはフンです。小岩や倒木の上などに残された長細いものはイタチやテンの可能性があります。道端のやや大きめのもので犬のフンに似てねじれの入ったものはキツネ、さらに大きく棒状のものはニホンザルかもしれません。小さめの俵型のものはニホンジカ、和菓子大で団子型のものはイノシシ、小さな饅頭《まんじゅう》型のものはノウサギでしょう。フンには果実のタネや動物の毛などが混じっていることがあり、その内容物も落とし主を知る重要な手がかりです。近くに目を凝らすと足跡が見つかることもあります。雨の後の柔らかい土の上や雪の上などにくっきりついていることがありますが、雪の場合は解けると足跡の形が変わるので、注意が必要です。

　そのほかに、食痕《しょっこん》（食べあと）や泥浴び場、抜け毛、角《つの》とぎ跡、巣（すみか）などもあります。これらから暮らしぶりを想像し、行動を推理することは動物観察（アニマルトラッキング）の醍醐味《だいごみ》のひとつです。食痕は、樹木の葉や芽、実などが食べられて落とされたもの、ササや草の葉や低木の枝先が齧《かじ》られているもの、樹皮がはがされたものなどと様々です。鳥や昆虫の食痕の場合もあるため、周囲の状況から確かめましょう。山中の水が溜まりやすい場所では、イノシシやシカがダニなどの寄生虫を落とすために泥浴び（ぬたうち）を繰り返します。そこはぬた場と呼ばれます。付近の立木の幹に体をこすりつけることが多いため、体の高さの樹皮がはがれていたり、乾いた泥がついていたり、泥に毛が混じっていたりします。イノシシの場合は、先が二股になった硬い特徴的な毛です。立木にはオスが縄張りを示す牙《きば》かけのあとが見つかることもあります。ヤニの出る木を選び、染み出たヤニを体に塗りつけて剛毛を硬く保つともいわれています。

　フィールドサインの変わり種はモグラ塚でしょうか。モグラが地表近くのトンネル内を動いてできる盛り上がりが続いているもの、トンネルづくりや修復でかき出された土が塚になっているものなどです。大文字山ではモグラが一躍脚光を浴びたことがありました。モグラの排泄《はいせつ》場所から生えるきのこ、ナガエノスギタケが大文字山で発見されたからです。ナガエノスギタケはモグラなどの溜《た》め糞から栄養をもらい、その働きによって巣は清潔に保たれているのです。さらにナガエノスギタケと共生関係にある樹木（コナラなど）も恩恵を受けています。

ぬた場（泥浴び場）

キツネの巣

けもの道もフィールドサインです。動物たちにとって重要な動線、生命線で、餌場や水場への歩きやすいルートを何度も通ることで、土が踏まれて道になっています。人がつくった林道や登山道も利用しながら、人には歩けないような傾斜のきついところにも続いています。シカばかりが使っていてシカ道などと呼ばれる場合もありますが、いろんな動物が共用しているものも多いようです。

明るい時間帯でも見かける動物は、ニホンジカ、イノシシ、そしてニホンザル、ニホンリスなどです。シカは植物の葉や芽などを少しずつ食べながら歩く習性もあり、いたるところに齧《かじ》りあとが見られます。近年頭数が増え、林床植物や低木が激減してしまいました。リョウブなどシカが好むものでは樹皮をはがされて弱った姿も目立ちます。普段はメスと子どもの群れとオスは別々に暮らしています。大きな角を持ったオスには威厳が漂っています。秋の繁殖期にはオスの「フィーン」という求愛の声が聞こえ、メスは初夏の頃に毎年一頭の子を産みます。

イノシシは本来昼行性のため、走り去っていく姿などを見かけることもあります。人に追われ続けた経験から夜行傾向を強め、昼間は斜面などに枝葉を敷いた寝床をつくって休んでいることが多いようです。多産で毎年五頭ほどが生まれ、子は「ウリ坊」と呼ばれるその縞模様でカモフラージュしています。縞模様は独り立ちできる数ヶ月後には消えていきます。鼻がとてもよ

森に現れたニホンザル

イノシシの成長した子どもたち

く効き、早春の竹林では地中のタケノコを探し当てて掘ってしまいます。犬歯が発達した牙は鋭く、近づきすぎると向かってくることがあります。本来は臆病ですが、用心が必要です。

甲高い声が樹上から聞こえてきたら、ニホンザルでしょう。子連れで数頭の群れをつくり、鳴き合って採餌しながら移動しています。距離を置いて静かに観察してください。

地面を走り抜けて木を駆け登っていくニホンリスの姿には、午前中に気づかされることが多いものです。尾根ではアカマツのマツボックリを齧ってタネを食べたあとがエビフライのような形になって落ちています。モミの球果の鱗片《りんぺん》が散らばっていることもあります。

完全な夜行性の動物に、ムササビがいます。樹上性のリスの仲間で、飛膜を広げて滑空します。夜の闇に包まれたその姿と出合うことは難しいのですが、フィールドサインには目立つものが多くあります。太いスギの幹の皮が細く毛羽だっていたり大きくはがされていたりしたら、巣材として樹皮をはぎ取ったあとかもしれません。植物食で、様々な葉や芽、花、果実、タネなどを、枝ごとたぐり寄せて食べます。刃物で切られたような小枝、真ん中に丸く食べあとがある葉、中身のないシイの実などが落ちています。二月から三月には齧られたヤブツバキの蕾《つぼみ》もたくさん見つかります。巣は木の洞などで、キツツキが穿《うが》った穴や自然にできたものを広げて使います。直径八センチほどの穴が幹の高いところにあいていたら、地面に食痕など

山麓で出合ったニホンリス

巣穴のムササビ

を探してみてください。日没後、その穴から顔を出すかもしれません。鳴き声もよく聞こえます。五月と十二月頃の繁殖シーズンには、メスを巡る争いで森はひととき騒々しくなります。

動物たちは移動して生息域を広げます。東山連峰は南北につながり、北の奥山から来たのか、ツキノワグマがこの山域に姿を見せたこともありました。大文字山に様々な哺乳動物が生息しているのは、山が孤立していないからなのでしょう。

哺乳動物のほかにもヘビやトカゲ、カエルたちが生息し、豊かな生態系を保っています。ヘビは本州に生息する八種類（アオダイショウ、シマヘビ、シロマダラ、ジムグリ、タカチホヘビ、ニホンマムシ、ヒバカリ、ヤマカガシ）すべてが確認されました。モリアオガエルは、六月～七月頃、山中の湿地や麓の池の上などにせり出した木の枝に卵塊《らんかい》をつけて繁殖します。同じ種類のシュレーゲルアオガエルは虹彩《こうさい》が黄色みを帯び、鳴き声も異なります。山道の岩のすき間から「グッグッグッ」という鳴き声が聞こえるのは、伏流水に暮らすタゴガエルです。夕方など静かな時間帯にはヤマアカガエルの複雑な高い声に気づくこともあります。麓の森ではニホンヒキガエルにも出合いました。

これらの山の住人たちの息づかいを感じながら、アニマルトラッキングにチャレンジしてみてください。

モリアオガエルの卵塊

ヤマアカガエル

カラーミニ図鑑　樹木観察の楽しさ

カスミザクラ

ウワミズザクラ

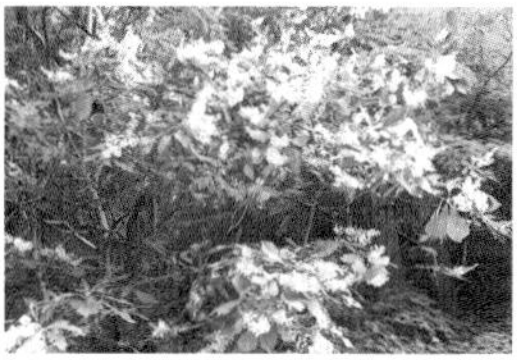
リョウブ

イヌガシ

サカキ

エゴノキ

カナメモチの実

シャシャンボの実

ヤブムラサキの実

カラーミニ図鑑　コケの散歩道

ヤノウエノアカゴケ

コバノチョウチンゴケ

ホウオウゴケ

シラガゴケ

地衣類／ウメノキゴケ

シダ／ウチワゴケ

カラーミニ図鑑 バードウォッチング

ホオジロ

ヤマガラ

シジュウカラ

オオルリ

カワセミ

キビタキ

シメ

ジョウビタキ

オオタカ

カラーミニ図鑑 昆虫の魅力

ヤママユ

サトキマダラヒカゲ

キマダラルリツバメ

ミヤマクワガタ

フタモンウバタマコメツキ

エサキモンキツノカメムシ

大文字火床からの京都市街の眺め

Ⅲ 大文字山トレッキングコース

トレッキングの基本（持ち物から楽しみ方まで）

トレッキングとは、山頂を目指すだけでなく様々な山の魅力を楽しむ山歩きのことをいいます。トレッキングでの不要なトラブルを避けるためには、基本的な登山用具などの準備や登山道の確認が必要です。野外では日常生活で当たり前のことが通じない場合が多いのです。

【持ち物】

ザック（すべての荷物がバランスよく入る大きさ）、雨具、水筒（一リットル程度）、薄手の手袋（冬季は厚手のもの）、昼食、嗜好品、ヘッドランプ、救急用品、ビニール袋、タオル類、地図、健康保険証など

【服装】

服装にも気を配りましょう。長袖、長ズボン、帽子、温度が下がる時期は防寒対策も必要です。靴は登山に適したものを選びましょう。

【歩き方】

自分の体力を知ったうえで無理をしないことが基本です。自分のペースで休憩を入れて歩きましょう。必要に応じて、ストックを使うのも良いでしょう。浮き石や落枝などにも注意してください。また健康チェックを怠らず、疲労回復の手立ても心得ておく必要があります。夏場の熱中症対策、天候の急変や危険な生物などへの備えも確認しておくことが肝心です。

登山コースの信頼できる情報を入手してください。そして、日暮れまでに下山できるよう、早めの行動を心がけてください。

【トレッキングを楽しもう】

草花や樹木、野鳥などの生きものと出合うことは、トレッキングの醍醐味のひとつです。

自然観察で心がけることは、生きものの生活を邪魔しないことです。他の観察者への配慮も大切です。その場所でその季節ごとに観察できるものを調べておくことや、観察したものを記録することもお勧めします。

いくつかの観察道具を紹介しましょう。

まず、図鑑です。分野ごとにコンパクトなものが出版されていますので、使いやすいものを選んで持ち歩いてください。きのこやコケの観察では、ルーペがあれば楽しみが増します。野鳥観察では双眼鏡は必携品です。倍率にこだわらず（八倍くらいが適当）、軽くて、視野が明るいものを選びましょう。フィールドノートやデジタルカメラは大切な記録や思い出を残すための道具です。

歴史探訪も楽しみのひとつです。大文字山周辺にはいろいろな時代を代表する史跡が多く、様々な歴史ロマンに触れることができるのです。

大の字を登る

大文字山トレッキングコース

大文字山の山頂へはいくつものコースで行くことができます。ここでは多くの方が利用している主要なコースを紹介します。また大文字山に続く峰々の縦走コースも紹介し、山域の持つ魅力をお伝えします。

まず概要です。

京都盆地側からは、銀閣寺北側からの銀閣寺コースがあります。砂防ダム、千人塚を経て大の字へ、それから山頂を目指します。次に鹿ヶ谷コースです。京都一周トレイル（東山コース）や、三井寺へ通じる如意越えにも重なります。霊鑑寺《れいかんじ》脇の道から桜谷をつめ、楼門《ろうもん》の滝を経て、大文字山への分岐（四つ辻）から山頂へ向かいます。

南方からは、蹴上コースがあります。日向大神宮《ひむかいだいじんぐう》から入るコースで、途中の七福思案処《しちふくしあんどころ》から起伏のある尾根道を進み、四つ辻を経て山頂を目指します。四つ辻までは京都一周トレイルです。七福思案処では、南禅寺と山科盆地側の御陵《みささぎ》や毘沙門堂《びしゃもんどう》を結ぶ道とも出合います。

山科盆地側からもいくつかのコースがあります。JR山科駅（又は、京都市営地下鉄山科駅、京阪山科駅）から毘沙門堂を目指し、そこを経由して後山階《のちのやましな》陵《みささぎ》へ向かい、安祥寺川に沿った林道沿いから尾根道まで登るコースや南禅寺方面へ向かう林道沿いから登るコースなどがあります。南禅寺方面への道から入るコースも、蹴上コース（京都一周トレイル）と出合い、四つ辻から山頂へ

東西に延びる大文字山の稜線

大文字山山域図

＊山域図・各コース
内図の●数字は立ち
りスポットの番号です。

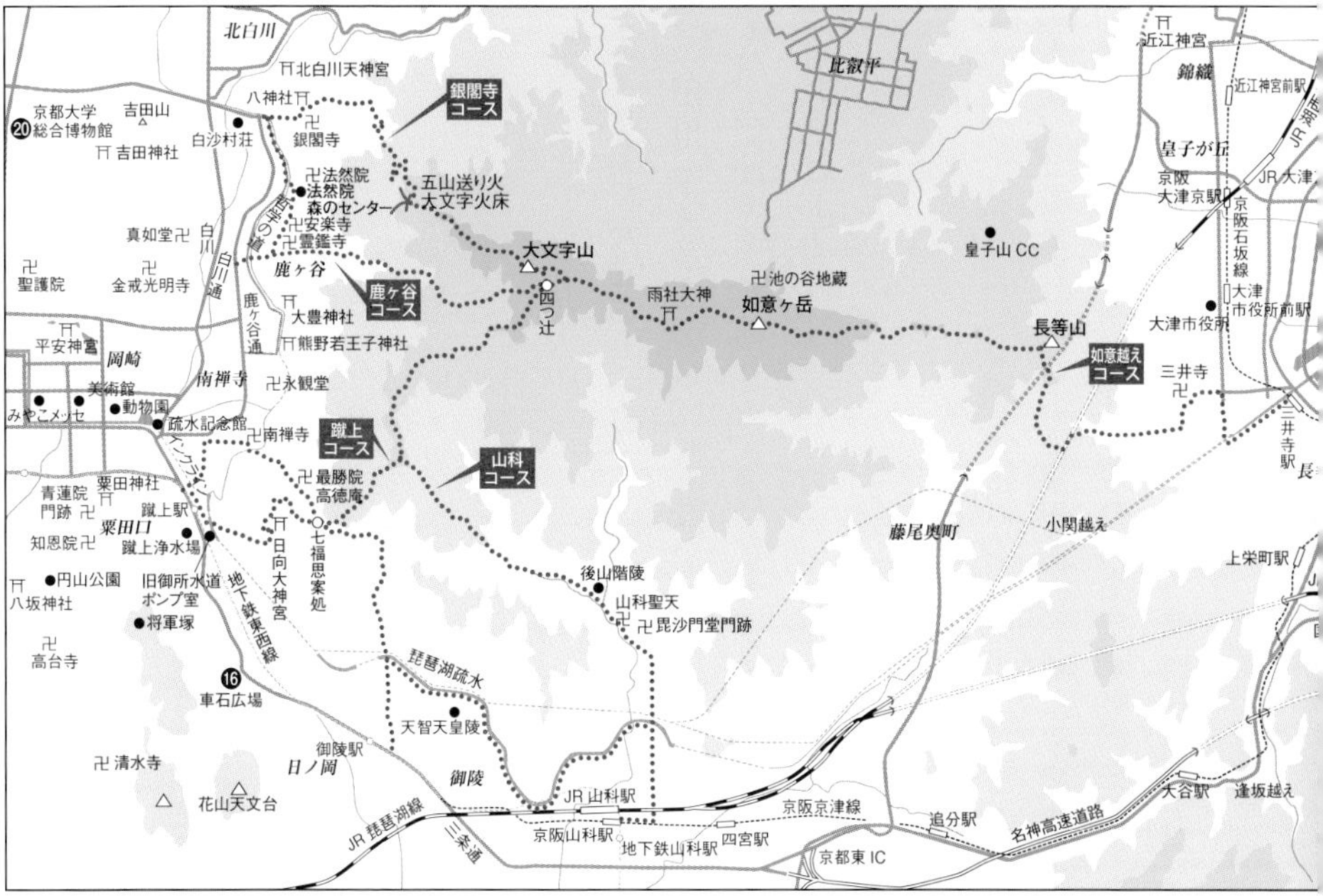

向かいます。

距離のあるコースとしては如意越え（10㎞程）があります。鹿ケ谷コースを経て、如意ヶ岳や長等山へとルートをとりながら、三井寺へ至る古道です。

各コースの案内図（地図）はコースの概要を記したものです。主要なコースでも最新情報を調べ、確かな道標などを確認して登山してください。多くの踏み跡やけもの道が入り組んでおり、注意が必要です。また、台風や豪雨による倒木、山道崩壊などの箇所がありますので、通行の可否を調べ、歩行には十分気をつけてください。

＊京都一周トレイル公式ガイドマップ 東山コース（京都一周トレイル会）参照。

2018年9月の台風21号による倒木

コースと見どころ

コース1

銀閣寺《ぎんかくじ》コース

銀閣寺道〜八神社〜千人塚〜大文字火床〜大文字山

アクセス

京都市バス

京都駅及び四条河原町から17番、三条京阪前から5番、銀閣寺道下車

京都駅から100番　銀閣寺前下車

最もポピュラーな大文字山へのコースです。

白川通今出川の交差点から、前方に大の字に続く山並みを望みながら、銀閣寺門前通りへと進んでいきます。途中、右手に大きな屋敷が現れます。白沙村荘《はくさそんそう》と命名された日本画家、橋本関雪《はしもとかんせつ》（一八八三〜一九四五年）が造ったアトリエのある邸宅です。

先に見える信号機そばには公衆トイレがあります。その先には、「哲学の道」と書かれた石の道標があり、若王子《にゃくおうじ》橋まで小道が続きます。サクラの時期には大勢の人出で賑わいます。みやげもの屋が立ち並ぶ、なだらかな登りの門前通りへと入っていき、通りの突き当りが銀閣寺の総門です。黒光りする石畳が迎

白沙村荘・美術館２階テラスから見た大文字山

えてくれます。この石畳も大文字山の成り立ちを教えてくれるもののひとつです。

コースは、銀閣寺に隣接する浄土宗寺院の浄土院（通称大文字寺）の前を進み、この地の産土神《うぶすな》である八《はち》神社を正面に見て、右へ緩やかに登ります。この辺りは、小山を切り通した格好で左端が崖のようになっています。

行者の森と記された場所が現れ、様々な石仏が祀ってあります。この山域が霊山として修行の場であったことがうかがわれるものです。すぐに、「世界文化遺産貢献の森」の看板が目に入ります。

大文字川の谷に沿い、ゆっくり登っていきます。砂防ダムの前にかかる小橋を渡ると、いよいよ本格的な山道です。左手付近はお盆の送り火に使われる護摩木などを大の字まで運搬するケーブルの起点となっています。

花こう岩が風化したザラザラの急坂がしばらく続き、ツツジの仲間やリョウブなどの木々が目を楽しませてくれます。尾根に出た辺り、左手の谷奥には、かつて白川石を採石した場所があります。「太閤岩」と呼ばれ、豊臣秀吉の時代に、城壁などの築造にこの岩場の石が用いられたともいわれています。現在は、崩落を防ぐための工事が施されています。

来た道を進み、視界が開けた場所に出ると銀閣寺の裏山である月待山《つきまちやま》越し

大文字川

リョウブの新芽

に市街地が見え、高度を上げてきたことが実感できます。徐々に足元の石や地面の様子が変わることに気づくでしょう。シデやコナラやアオハダなどの落葉広葉樹が目立つ鞍部《あんぶ》に出ると、千人塚《せんにんづか》と書かれた石碑が目に入ります。戦国時代の古戦場であることを教えてくれています。

　左に大きく曲がり、ケーブルの下をくぐると、急な階段が現れます。呼吸を整えゆっくり登りましょう。もうすぐ大の字です。比叡山を後ろ手に、送り火の舞台へと誘われます。

　また、千人塚から大の字の左のはらいを登ることもできます。階段の連続ですが、大の字と一体となりその大きさや斜度を実感できます。ただ、木陰がないため日差しが照りつけます。

　なお、千人塚からは、大の字の下を直進して桜谷（霊鑑寺方面）へと通じる道もあります。一部狭く落ち込んでいるところや台風による倒木があるので、注意が必要です。

　大の字の一画目に出ると、京都盆地の最高の眺めが飛び込んできます。弘法大師堂を経て、火床の様子も見ながら、大の字の頭を目指します。さらに、侵食されずに残された山腹を登ります。アップダウンを繰り返し、ヒノキ林の急登にかかります。道が荒れているところや脇道があるので慎重に歩いてください。特に雨の日は滑ります。登山道脇の大きな岩を過ぎると頂上も間近です。

アオハダの実

大文字山を眺める

周囲が開け気持ちのよい頂上部は中世の山城、如意ヶ嶽城跡でもあります。南方角へ開けた景色が最高です。

頂上を越し、やや下ると四つ辻で、山科、蹴上、鹿ケ谷からの登山道が出合う場所（京都一周トレイル標識45番）です。滋賀県側へのコースをとると、雨社《あめしゃ》（雨社大神）を経由して如意越えをたどり、三井寺へ行くことができます（それぞれのコースガイドを参照ください）。

銀閣寺コース・鹿ヶ谷コース案内図

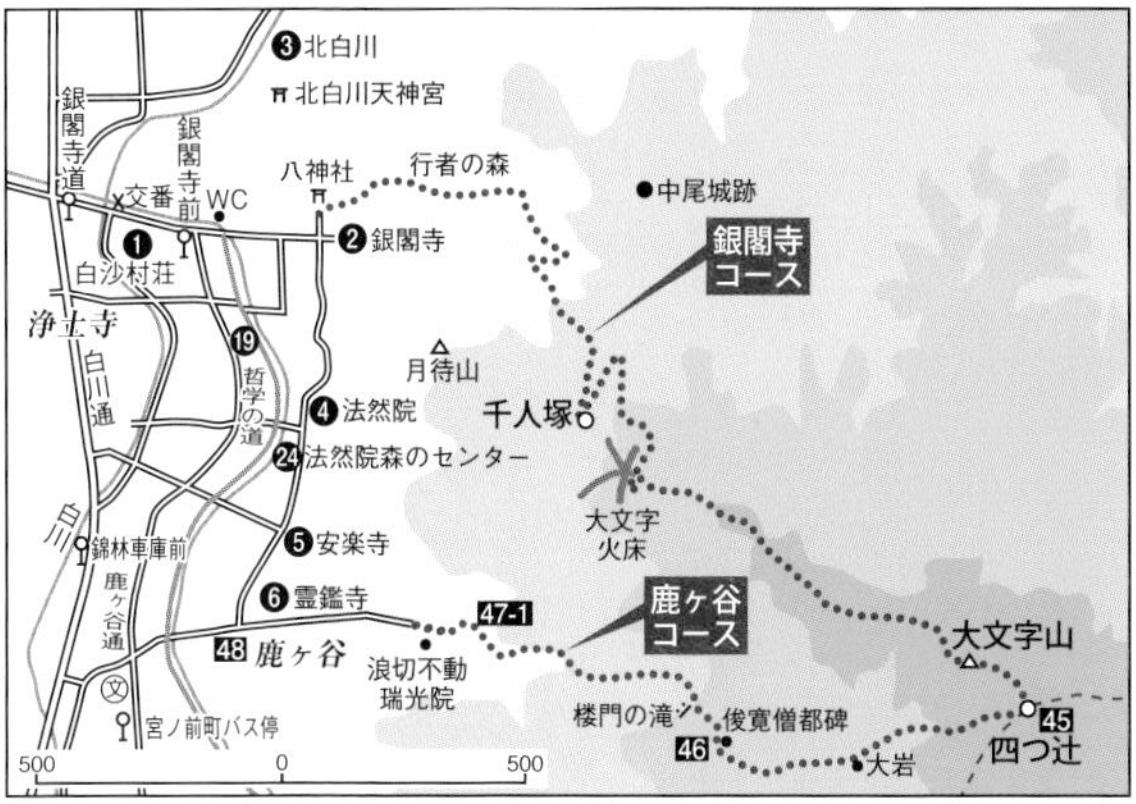

＊■数字は京都一周トレイルの道標番号です。

大文字火床から見る愛宕山の夕照

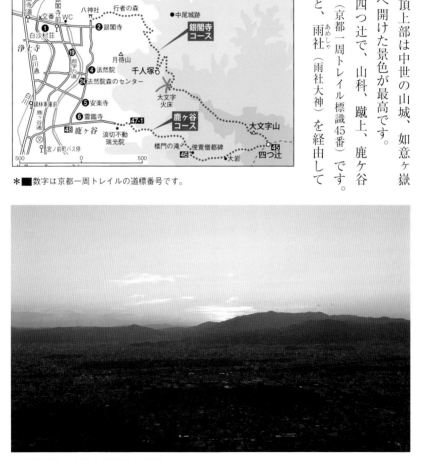

コースと見どころ

コース2
鹿ヶ谷《ししがたに》コース

錦林車庫前〜霊鑑寺〜俊寛僧都碑〜四つ辻〜大文字山

アクセス

京都市バス
京都駅及び四条河原町から17番、三条京阪前から5番、錦林車庫前下車
京都駅から100番　四条河原町から32番　宮ノ前町下車

鹿ヶ谷は、三井寺（園城寺）の僧、円珍《えんちん》がこの地を訪れて道に迷ったとき、鹿が現れ道案内をしてくれたという故事に由来する地名です。このコースは三井寺へと続く古道「如意越え」とも重なります。

鹿ヶ谷通の小学校北側の信号を東へ、山に向って進むと、霊鑑寺の石段下に出ます。ここから、京都一周トレイルに指定されている道をたどります。

京都一周トレイル標識48番の道標を見て、お寺の脇の舗装された道路をまっすぐ登ります。しばらくすると、道は桜谷川に沿って続きます。

桜谷はその名の通り、かつては山桜の名所であったといわれています。円重寺《えんじゅうじ》を左手に見て谷をつめると、瑞光院《ずいこういん》の参詣口に出合います。

そこから左手へルートをとり、すぐに右方向に山道へと入っていき

新緑の鹿ヶ谷

ます。京都一周トレイル標識47-1番を見て、スギ、ヒノキの植林地（台風による倒木に注意）を登ります。桜谷川は狭くなり、小さな滝が連続して渓谷の様相を帯びてきます。夏でも涼しい道です。登りつめた谷には大岩がいくつも重なっていて、その先に楼門の滝があります。落差一〇メートルほどの滝ですが、黒光りする泥質岩の岩肌を流れ落ちる水流は白糸を引くように美しく、静けさの中に響く水音に心安らぐときを持つことができます。

この一帯はかつて三井寺の寺領で、多くの山林寺院が存在していました。その様子が『園城寺境内古図・如意寺《にょいじ》幅《ふく》』（南北朝期）に描かれています。それによると、滝のすぐ上には、三井寺の西門に当たる月輪門《つきのわもん》があったようです。

滝の上部には石碑があります。石碑には「俊寛僧都《しゅんかんそうず》忠誠之碑《ちゅうせいのひ》」と書かれていますが、俊寛僧都らが平家討伐を謀議《ぼうぎ》した場所はまだ確認されていないのです。

そこから平坦な道が続きます。落葉樹の新緑や紅葉が美しいところです。この辺りの平坦地は、古図に描かれた熊野三所跡《くまのさんしょあと》と推定され、楼門の滝を紀伊の那智《なち》の滝になぞらえて滝上付近に創建されたものと考えられます。

桜谷をつめる

土塁跡が残る山道

その先、湿地のようになった場所を横目に見ながら進むと、突然大きな岩が道をふさぐように現れます。ほどなく桜谷川の水源を見つけます。岩間からひょっこりヤマアカガエルが顔を出すかもしれません。

そこから最後の登りにかかります。ジグザク道を経て峠道に出ます。峠は四つ辻です。蹴上コースと出合う場所で、左手の道を登って一〇分足らずで頂上です。

桜谷川水源

楼門の滝

コースと見どころ

コース3
蹴《け》上《あげ》コース

蹴上駅～日向大神宮～七福思案処～京都一周トレイル標識44－1～四つ辻～大文字山

アクセス
京都市地下鉄東西線　蹴上駅下車　1番出口

サブコース＝永観堂前～南禅寺～七福思案処～御陵

サブルートアクセス
京都市バス　京都駅及び四条、三条方面から5番　南禅寺・永観堂道下車
京都市地下鉄東西線　蹴上駅下車　1番出口

京都一周トレイルと重なるコースです。

市営地下鉄蹴上駅の1番出口から岡崎公園方向へ進み、ねじりまんぽと呼ばれるレンガ造りのトンネルをくぐって、右手へインクライン（傾斜鉄道）に沿って歩くと銅像のある広場に出ます。この銅像は、琵琶湖疏水を設計した田邉朔郎《たなべさくろう》博士です。二〇代の若き田邉は、京都の近代化事業である琵琶湖疏水事業を推進させた人のひとりでした。

稼働中の蹴上発電所の施設を横手に見て、疏水に沿って歩くと、大文字山への登山ルートの入口にあたる大神宮橋と出合います。橋の上から右手には、旧御所水道ポンプ室の明治期のレンガ造りの建物やびわ湖疏水船の船着き場が見えます。

大神宮橋までは、三条通に面した日向大神宮の一の鳥居をくぐって、

田邉朔郎像

行くこともできます。一の鳥居は蹴上駅1番出口から出て、三条通に沿い東（左手）へ進むところにあり、東海道の出入り口である粟田口《あわたぐち》にあたります。諸街道に設けられた京の七口の一つです。近くの粟田神社は「旅立ち守護」としても信仰されています。

谷沿いの道を日向大神宮の境内へと進みます。東山三十六峰の神明山《しんめいやま》がご神体で、ヒノキやスギの森に囲まれた境内は静かです。

日向大神宮は、「京の伊勢」ともいわれ、伊勢神宮のように本殿が内宮、外宮に分かれています。古い神社建築様式である神明造《しんめいづくり》です。また、御門と板垣で敷地を区画する社殿構成も古式を伝えています。内宮、外宮、その他の建物が、境内敷地の高低差を利用して配され、周囲の山と一体となっている様子は整然としてすばらしいものです。境内にあったヒノキのご神木が一九三四（昭和九）年の室戸台風で倒れ、その一部が保存してあります。

道標に従い進むと、内宮に着き、すぐ横に影向岩《ようごういわ》が鎮座し、その先に進むと崖をくりぬいた岩穴が現れます。いつの時代のものか定かでありませんが、天《あま》の岩戸《いわと》がつくられており、天の岩戸伝説に登場する天手力男命《あめのたじからおのみこと》が祀られています。岩穴は短いながらも通り抜けできるようになっていて、通り抜けると心身が清められ、開運のご利益もあるといわれます。

天の岩戸を過ぎると、本格的な登山道となります。ヒノキの根がたくさん浮き出た急坂を登ります。登りきったところの三叉路を、道標（京都一周トレ

日向大神宮外宮

日向大神宮天の岩戸

イル）に従い大文字山方面へと進みます。ネジキなどの灌木が混じる森を抜けて、しばらくすると、七福思案処に出ます。複数の道が交差する場所で、南禅寺境内や山科の御陵《みささぎ》からの山道も出合っています。ここから尾根筋を登って大文字山山頂を目指します。

しばらく進むと、ヒノキ林に囲まれて大きな岩が点在する場所があり、岩でごつごつした急登が始まります。下るときは滑るので注意が必要です。道沿いにはコシダが目立ちます。

高度を上げると山科盆地側が見通せる場所に出ます。尾根筋の道は快適で、途中には京都盆地が望める休憩ポイントもあります。四月にはコバノミツバツツジが道沿いに咲き誇り、トレッキングの楽しみも倍増します。陽当たりがよく、急な登りもあるコースなので、水分を補給しながらゆっくりと進みましょう。

しばらくすると林道と出合います。京都一周トレイル標識44-1番です。道標に従い、次の同44-2番を目指すと、再び林道と出合い、広い場所に出ます。ここからも山科盆地周辺の山々が望めます。再び山道を進むと、四つ辻（同45番）で鹿ヶ谷ルートと出合い、そのまま直進し、左手へ曲がると山頂へ至ります。

ヒノキの木の根道

コバノミツバツツジ

蹴上コース案内図

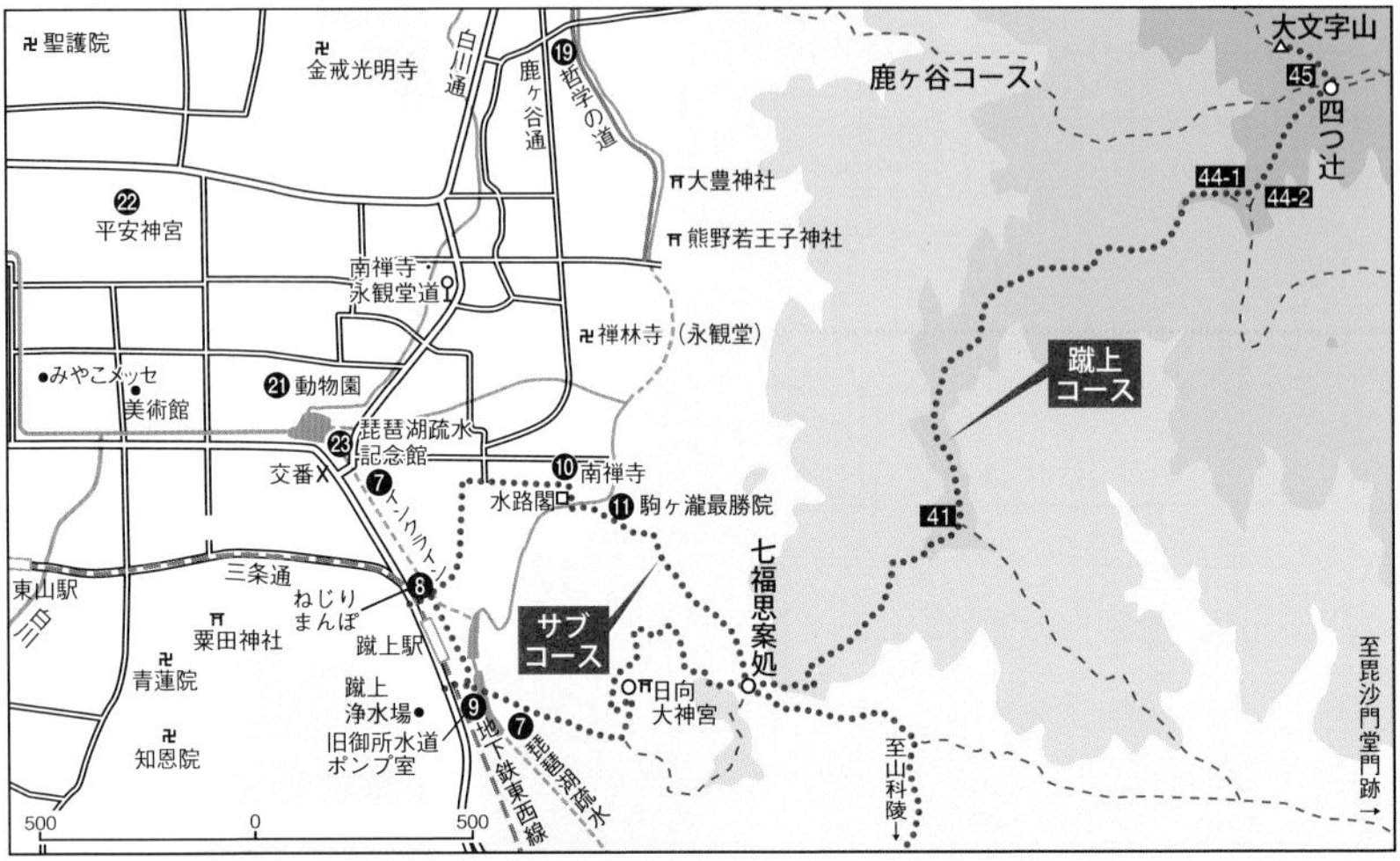

七福思案処

大文字山山頂

大文字山への尾根からの音羽山方面を望む

サブコース◉南禅寺から御陵まで

南禅寺の三門を見て、参道を法堂方面へ歩き、右手、水路閣へと進みます。水路閣は一八八八（明治二一）年に完成した琵琶湖疏水分線のレンガ造りの水路橋です。田邉朔郎が南禅寺の景観に配慮して設計したもので、和と洋のデザインの調和が楽しめます。その下をくぐり、最勝院《さいしょういん》・高徳庵《こうとくあん》の門前に出ます。駒道智大僧正《こまどうちだいそうじょう》が祀られている本堂前には、サルスベリの古木と結合した縁結びのマツがあります。サルスベリは樹齢三〇〇年といわれています。門前の奥の院の道標に従い進んでいきます。途中、大杉があり、石畳と石段が奥の院まで続きます。足元には暖地に多いイズセンリョウが見られ、四月頃には黄白色の筒状の花をつけます。

この辺りから、かつて神仙佳境《しんせんかきょう》といわれた現世から離れた修行場としての雰囲気が漂ってきます。奥の院には拝殿があり、その奥の大岩の上にも駒道智大僧正が祀られています。そして眼前の崖からは駒ヶ瀧が静かに水を落としています。『花洛名勝図会《からくめいしょうずえ》』（一八六四年刊行）にみえる「駒瀧（南禅寺）」には、「滝つぼにくだけて涼し蝉の声」（以水）の歌が添えられています。

縁結びのマツとサルスベリ

イズセンリョウ

滝行場を見て崖を登ると岩窟《がんくつ》があり、いくつかの石仏が安置されています。他にも石碑、祠が見られ、大地や森の気がみなぎっています。

コースは小橋を渡り右方向へ、治山ダムを見ながら、谷筋を登ります。道沿いには様々なコケが生長し、ヒノキなどが茂る森では多くの野鳥の声が聞こえます。たどり着く峠は、七福思案処と呼ばれる登山コースが出合う地点です。ここから大文字山へは蹴上コースで紹介しています。

この先、ヒノキ林を見て通ると鉄塔が現れます。気をつけて通り過ごすと、そこから岩が多い急な下り坂です。丸太の小橋を渡ると、後山階陵を経て毘沙門堂方面への分岐点です。

後山階陵へ続く道は、落葉樹の森を抜け、峠を越えるとスギ林の谷川に沿った古道の趣きのある山道となります。途中で山科コースと出合います。

まっすぐ御陵方面を目指すと、谷川で湿原状になった平坦地を過ぎたところに、貯水ダムでせき止められた池が現れます。アオサギなどの餌場にもなっているようです。平坦な道は突然、琵琶湖疏水沿いの公園に出ます。トイレや水場が設けてあります。近くには永興寺《ようこうじ》や山科豊川稲荷社があります。ここから、天智《てんじ》天皇陵付近を経て地下鉄御陵駅に着くことができます。また、疏水沿いの散歩道を通り、本圀寺《ほんこくじ》や安祥寺《あんしょうじ》、そして毘沙門堂に行くこともできます（山科コース案内図参照）。

南禅寺からの山道

山中の池

コースと見どころ

コース4
山《やま》科《しな》コース

山科駅～毘沙門堂前～後山階陵～京都一周トレイル標識41～四つ辻～大文字山

アクセス
ＪＲ東海道本線、京都市地下鉄東西線、京阪電車京津線
山科駅及び京阪山科駅下車

山科盆地には太古に何度か大阪湾からの海水が入り込み、その海辺では旧石器時代から人びとが暮らしを営んでいました。それ以来、多くの歴史が紡がれて、山科は歴史ロマンあふれる町となっています。

ＪＲ山科駅を出てロータリー前の毘沙門堂への案内を見て、京阪電鉄の線路に沿ってしばらく進み、踏切のある道を左折して、ＪＲ線路下の歩道を直進し、琵琶湖疏水を渡ります。この辺りは緩やかな登りが続きます。山科盆地をつくる扇状地形です。赤穂義士ゆかりの寺である瑞光院《ずいこういん》を過ぎるとほどなく、その高みにある毘沙門堂の石段前に出ます。急な石段を上がると、両側を阿吽《あうん》の二天像が護る仁王門があり、毘沙門堂境内へ立ち寄ることができます。

大文字山へは、来た道（車道）を左へ、安祥寺川に沿って進みます。

毘沙門堂あたりを望む

双林院《そうりんいん》（山科聖天《やましなしょうてん》）の鳥居を見て、しばらくして道が分岐するところに、後山階陵（仁明《にんみょう》天皇女御《にょうご》、文徳《もんとく》天皇の生母、安祥寺の創建を発願した藤原順子《のぶこ》（八〇九〜八七一）が眠る）や、たたら跡の石碑があります。そこから、大文字山への道標に従い安祥寺川の渓流沿いの林道から谷をつめて山頂を目指すコースがあります。谷をつめて、尾根筋に出て、京都一周トレイル標識44-2番に至るコースです。その谷間は台風により多くの木が倒れました。

ここでは、緩やかなコースを選ぶことにします。後山階陵への分岐から、南禅寺方面へ進み、安祥寺上寺跡の石碑を見て、二つ目の林道ゲートである国有林内の保安林管理道入口からの林道歩きです。谷沿いの気持ちの良い道です。周囲が開けていて、野鳥たちの姿も目にできるでしょう。

しばらく進むと、防火貯水池と出合います。そばには大きな説明板がたてられています。その先すぐに林道が二股となり、それを左方向へ進みます。

安祥寺川

後山階陵付近の道標

ぐんぐんと高度を上げていくと、途中、道沿いに広場があります。さらに、林道の終点まで進みます。林道の終点から細い山道へと入っていきます。すぐに、山腹を直登するルート（保安林管理道の入口ゲート前を南禅寺方面へ少し進み、右側の山腹へと取りつくルート）と合流します。この辺りはコバノミツバツツジなどの灌木が多い明るい道です。踏み跡を確かめ尾根道を進むと、京都一周トレイルの標識41番に出ます。

あとは、京都一周トレイルを進みます。京都盆地の眺めも楽しめ、また林道沿いの開けた場所からは、音羽山《おとわやま》に続く山々も望めます。

一服して、林道と交差した登山道を尾根伝いに四つ辻（京都一周トレイル標識45番）へ向かいます。京都一周トレイルは山頂を通らず、鹿ヶ谷方面へと左に折れます。山頂には四つ辻からまっすぐ登って左に進めば到着します。山頂は開け、京都盆地側と山科盆地側の両方を眺めることができます。そして遠くに山城地方や大阪平野も望むことができます。

＊山科方面から大文字山方面へ歩かれているルートはいくつかあります。枝道も多く、最新情報を確認して入山してください。

＊サブコースとして南禅寺から御陵までも参考にしてください。

国有林内保安林管理道

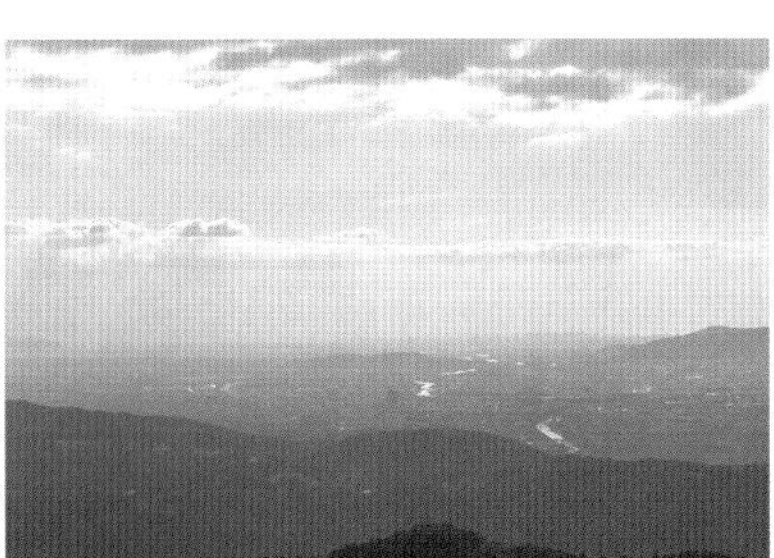
大文字山山頂からの眺め

山科コース案内図

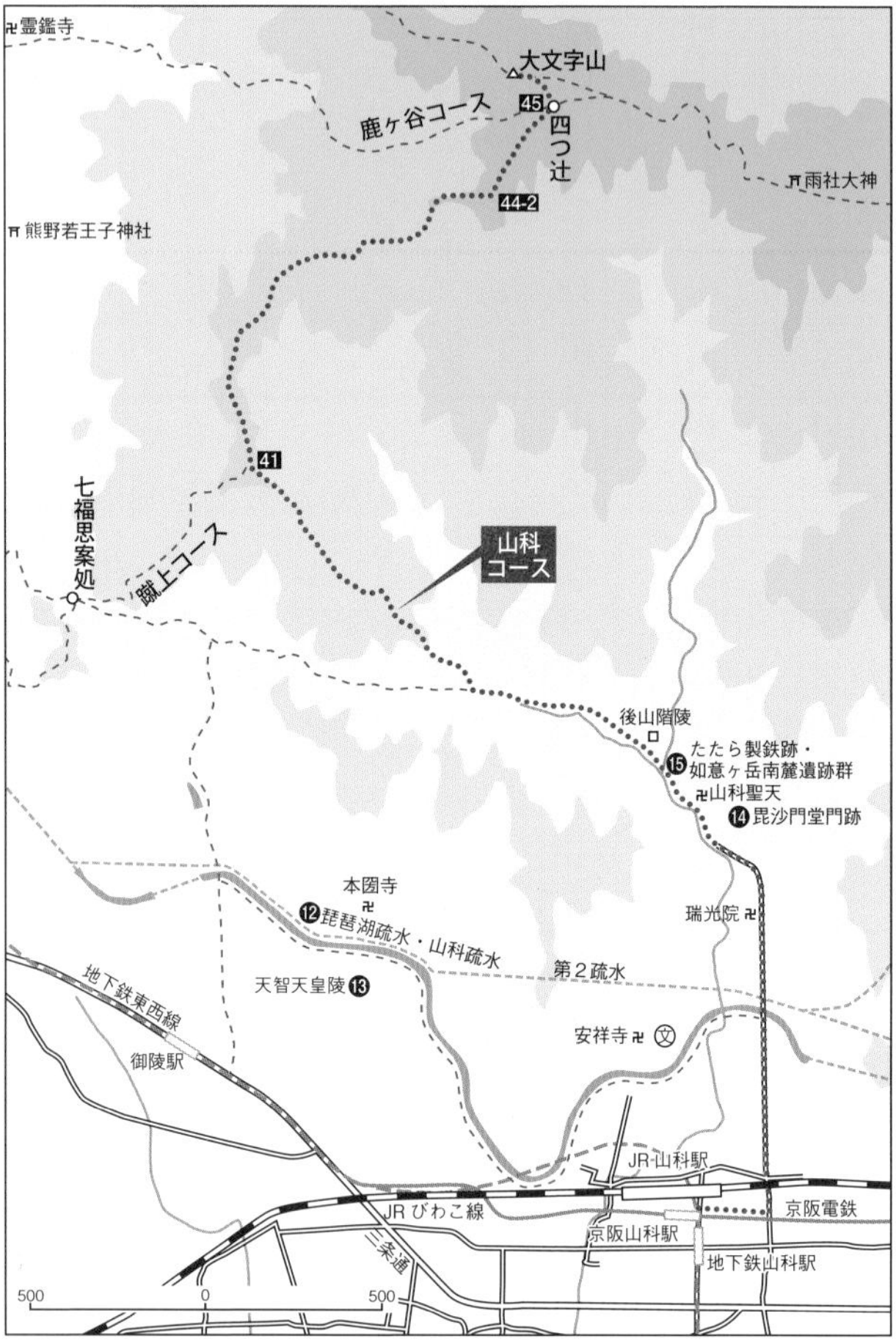

山科疏水正嫡橋

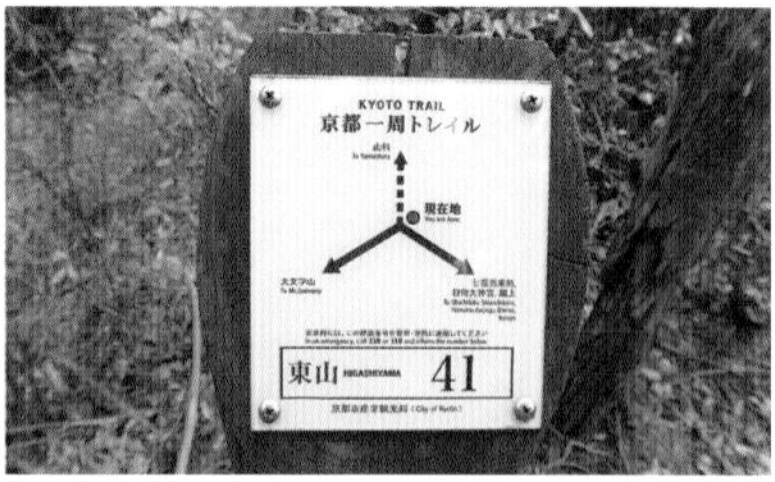

京都一周トレイル道標（蹴上コース分岐）

コースと見どころ

コース5
如意越《にょいご》えコース

大津・三井寺～坊越峠～長等山～如意ヶ岳～大文字山～鹿ヶ谷

アクセス

京阪電鉄石山坂本線
三井寺駅下車

＊三井寺への入山は午前8時～午後5時（年中無休）

三井寺境内から長等山を経て、如意ヶ岳から大文字山山頂へ、そして鹿ヶ谷へ続く縦走路です。平家物語にも登場する古道で、道沿いでは如意寺など多くの山林寺院の存在が明らかになっています。

京阪三井寺駅から、琵琶湖疏水に沿って歩きます。道なりに三尾《みお》神社へ向かうと、そこからすぐに三井寺の総門です。境内には樹齢千年といわれる天狗《てんぐ》杉もあります。総門からまっすぐ境内を進み、勧学院《かんがくいん》を右手に見ながら、琴尾谷《ことおだに》を目指します。昔、この谷を流れる清流に天人が舞い降り、琴や笛を奏で歌舞《うたまい》で神を慰めたといわれていることに由来します。

途中のヒノキのきわに、三尾影向石と呼ばれる、井桁《いげた》に組んだ切石で囲まれた場所があります。三尾明神（長等山の地主神）が来臨《らいりん》するときは必ずこの石に座したと伝えられています。

三井寺の桜と金堂

いよいよ山へと入っていきます。ヒノキ林の道を歩くと、治山ダムが見えてきます。ダム横の急坂を登り、しばらくすると、坊越峠《ぼうごえ》にたどり着きます。小関峠、藤尾神社、長等山への分岐点です。そこから如意越えの道標に従い、ザラザラした花こう岩質の急な山肌を登ります。尾根に出ると、地蔵菩薩像が彫られた児石《ちごいし》が祀られています。さらに登ると、長等山との分岐点に出合います。脇道を進み長等山（三五四ｍ）を訪れましょう。頂上からは琵琶湖（南湖）や天智天皇が遷都《せんと》した近江大津宮の地が望めます。如意越えに戻り、鉄塔の横を進むと、灰山《はいやま》城跡に出ます。もうここは京都市です。比叡の双耳峰《そうじほう》が遠望できる場所に大岩が立ち並ぶ様子は、屋敷の庭園跡のように見えます。

これらの岩は、如意ヶ岳の北東側（岡崎山、五別所山）にほぼ東西方向に点在している熱変成作用を受けてできた結晶質石灰岩で、珪灰石を主体とするスカルン鉱物を含んでいます。京都府のレッドデータブックにも掲載されている貴重なものです。

台風による倒木がありますが、道標を見て、道なりに山腹を進みます。やがて、道標のある分岐に着

如意越えコース案内図

きます。そこから、如意ヶ岳方向へと開けた斜面を登ります。車道（ガードレールがある）に出て、琵琶湖や音羽山、醍醐山《だいごやま》を望みながら、ゆるやかな登りをしばらく進むと、国土交通省管理の大津航空無線標識所が見えてきます。如意ヶ岳山頂はその施設内にあって、立ち入ることができず、頂上に立つことはできません。

近くには、三井寺の別院であった山林寺院、如意寺本堂跡があります。如意寺本堂跡付近の山道は、台風の倒木で通行が困難な場所があります。

この辺りでは、アカガシの大木が散見できます。アカガシは本州中部以南の暖地に分布し、樹高が二〇メートルにもなる樹木です。非常に固い材質なので道具の柄や木造船の櫂《かい》、舵《かじ》などに利用されました。

施設前から踏み跡を確かめながら再び山道へ入ります。しばらくすると、すり鉢状になった場所に社が見えてきます。雨社（雨社大神）です。雨社は岡崎神社の末社で、「竜神さん」を祀る雨ごいの社として信仰を集めてきました。如意寺の鎮守社である赤龍《せきりゅう》

如意越え道標（oh! 讃山クラブ設置）

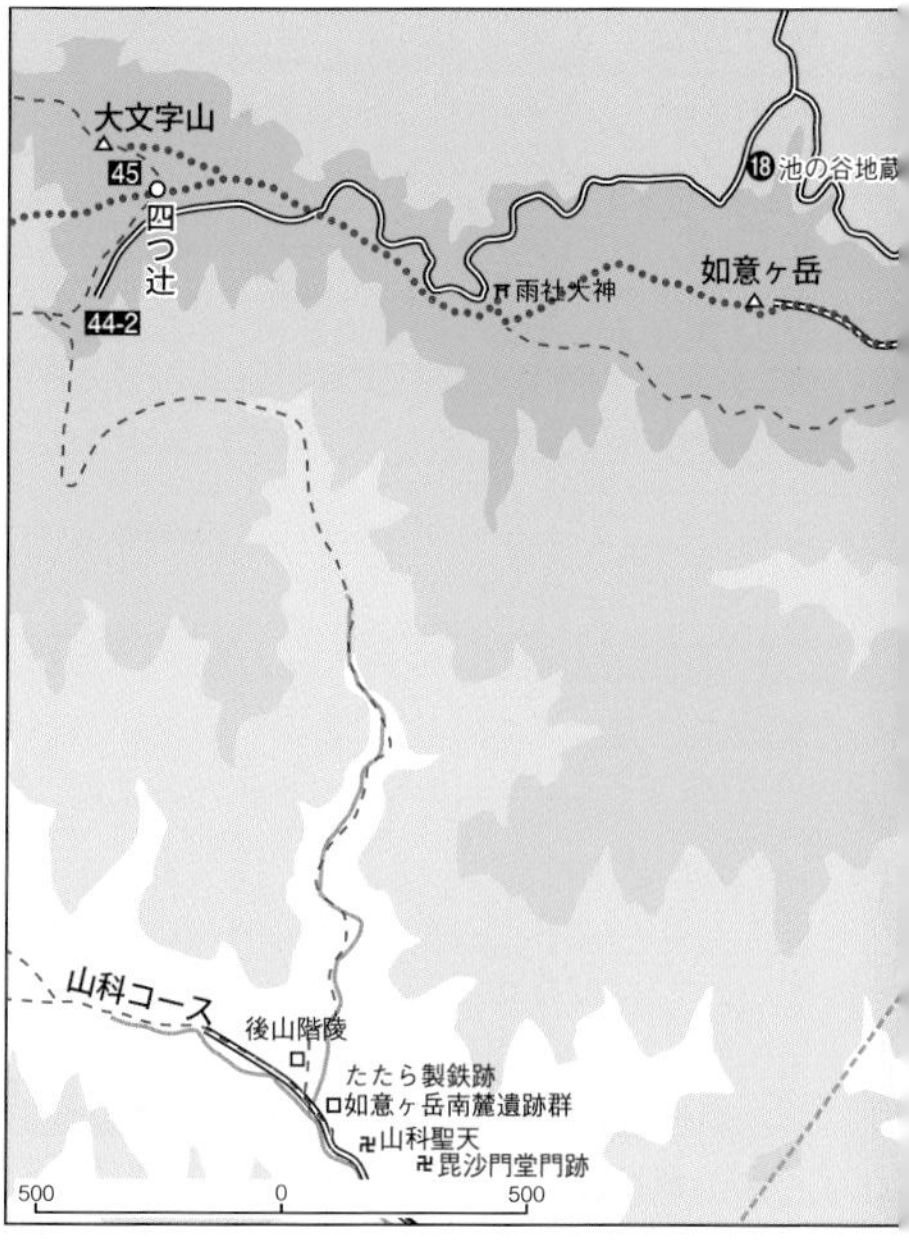

社《しゃ》の跡を継いだものだと考えられています。雨社近くの林道は池の谷地蔵を通り比叡平《ひえいだいら》へと続き、一方は、大文字山（四つ辻）方面へと続いています。

再び林道に沿った古道を進みます。倒木に注意しながら、しばらく歩いてその林道を横断し、まっすぐ行くと大文字山山頂へと至ります。そして、如意越えは鹿ヶ谷コースへと続いて行きます。

アカガシの大木

長等山からの琵琶湖の眺望

地蔵菩薩像が彫られた児石

トレッキング◉立ち寄りスポット

＊入場、拝観、見学については個別に確認してください。

❶白沙村荘（地図：銀閣寺・鹿ヶ谷コース 55頁）

白川通から銀閣寺門前へと進む途中にある白沙村荘は、日本画家、橋本関雪が造営した邸宅です。敷地面積は一〇〇〇〇平方メートル。月待山や大文字山を借景として設計された池泉回遊式庭園は七四〇〇平方メートルに及び、国の名勝に指定されています。白沙村荘の名からは、庭園が整備された大正初期頃、近くを流れる美しい白川の輝きを思い起させられます。

庭の木々は新緑、紅葉と美しく、芙蓉池《ふようち》などの池の佇まいに、かつての田園地帯の面影をしのぶことができます。池にはカワセミも訪れ池畔の風情に彩を添えています。

池のほとりには茶室などが適当な距離で配置され、平安時代から鎌倉時代にかけての石像美術品約一八〇点も置かれています。竹林では羅漢《らかん》石仏が様々な表情で来訪者を迎えてくれます。

白沙村荘庭園・如舫亭（にょほうてい）

庭園に隣接する美術館には、関雪の作品や蒐集《しゅうしゅう》品が陳列されています。また二階のテラスからは大文字山の森が一望でき、「その景色そのものを関雪の描いた大きな山水画として見る」ことができます。

敷地の北側には琵琶湖疏水分線が流れています。それに沿う哲学の道には約四〇〇本ものサクラが植えられており、花の時期には大勢の人が訪れます。これらのサクラは、橋本関雪夫妻が、白沙村荘を完成させ画家として大成したお礼の意味も込め、苗を寄贈されたのが始まりです。今でも「関雪桜」と親しみを込めて呼ばれています。

❷銀閣寺（地図：銀閣寺・鹿ヶ谷コース　55頁）

銀閣寺（山荘東山殿、後に慈照寺）は、世界文化遺産「古都京都の文化財」のひとつです。ここは平安時代に浄土寺という寺院があった場所です。池泉回遊式の庭園は特別史跡、特別名勝に指定されています。応仁・文明の乱（一四六七～一四七七年）の後の一四八二年、足利義政の隠居所となる東山殿の造営が始まりました。一四九〇年の義政没後、その遺命により東山殿は臨済宗相国寺派の山外塔頭《さんがいたっちゅう》東山慈照寺となりました。創建当時の建物で現存するのは観音殿《かんのんでん》（銀閣）と東求堂《とうぐどう》で、共に国宝です。

この時代には東山文化が開花し、茶の湯、華道、建築、庭園などの近世文化の源流をなしました。

総門前では美しい石畳が迎えることで枯淡の味わいが演出されています。総門から中門までの竹垣は銀閣寺垣と呼ばれる特有のものです。

「わが庵は月待山の麓にて傾く空の影をしぞ思う」足利義政が詠んだ一首です。

観音殿の黒漆《うるしぬ》塗りの建物は東山から昇る月の光に照らされて銀色のように見えていたのかもしれませ

ん。

そして観音殿（銀閣）や東求堂から月を愛で、錦鏡池《きんきょうち》に映える月の光に時の経つのも忘れたのでしょうか。苔庭に立つ樹齢五〇〇年を越えるといわれる「千代《ちよ》の槙《まき》」も静かに時を刻んでいます。

枯山水庭園は月待山山腹に産する自然石を活用し、この辺りから湧き出る水を義政もお茶を飲む際に使ったとされる「お茶の井」があります。高台の小道からは庭を見下ろすことができ、吉田山や愛宕山を望むことができます。山腹の起伏をうまく利用したつくりです。

大文字山山腹を水源とする清水は、創建当時から施設内へ引き込まれていたようです。京都市埋蔵文化財調査で、花こう岩の切石を使った導水施設が発見されました。二条の溝を刻んだ下石と蓋石を組み合わせ、漆をしみ込ませた布で目地を施したもので、清水を引き込み飲料水として利用した可能性があるということです。また、大文字川から慈照寺の園池に導水するための水路であったことも明らかです。

谷の流れは豪雨で牙をむくことがあります。花こう岩質の土壌では土石流がよく起こったと考えられます。洪水や流入砂などから建物や庭園を守るためのものと思われる石垣遺構や堤状遺構（溝のように掘られた遺構）がそのことを物語っています。これらの工事には採石や石組みの技術集団が携わっていたのでしょう。現在、それらの遺構は埋め戻されています。

このように大文字山山麓の地形や地質、そして植生を考慮した自然な庭づくりが、今もなお人々の気持ちを和ませているのです。

千代の槙

❸北白川（地図：銀閣寺・鹿ヶ谷コース 55頁）

大文字山系は、山中越えを境に瓜生山《うりゅう》と接し、比叡山系へと続きます。その間を下る白川は、如意ヶ岳に源を発し、銀閣寺界隈で琵琶湖疏水と交差して、岡崎方面へと流れています。その流域に発達したのが北白川扇状地です。

北白川扇状地には明るい森と草地が広がり、水にも恵まれていたのでしょう。古代から人々が暮らしを営んでおり、縄文遺跡が点在しています。

また、白鳳《はくほう》時代（七世紀後半）に創建された大規模寺院であったと考えられる北白川廃寺の遺構も見つかっています。大化の改新の時代に活躍した豪族粟田《あわた》氏の氏寺ともいわれています。

古来、白川流域の美しさは多くの歌にうたわれてきました。北白川の地が、草花に彩られ自然美にあふれた場所だったことがうかがえます。

「春といえばさえゆく風に立つなみの花にうずめる白川の里」（藤原定家）

事実、北白川扇状地では平安時代から花の栽培が盛んで、御所などへ花を献上していました。近世になると花売りを生業《なりわい》とする白川女《しらかわめ》が活躍し、地元には花市がたちました。時代と共に白川女の活躍の場は少なくなりましたが、伝統の灯は平成の時代まで守られました。現在も時代祭の行列で、白川女風俗保存会の花売り装束を見ることができます。

北白川の氏神を祀るのは北白川天神宮です。創建は平安時代以前と考えられています。秋の大祭で、高く盛り付けた神饌《しんせん》を白川女たちが頭にのせて天

北白川小倉町遺跡出土品（京都大学総合博物館蔵）

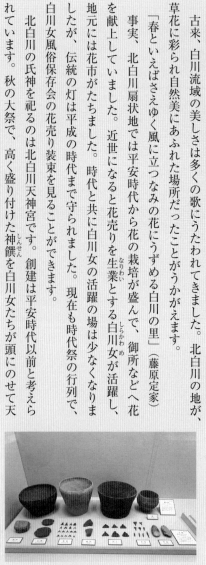

神宮に奉納する古式ゆかしい儀式である高盛献饌《たかもりけんせん》の議《ぎ》が、今に伝わっています。

大文字山や瓜生山界隈では銘石「白川石」の採石が盛んでした。採石の様子が『都名所図会』（江戸時代）に描かれています（都名所図会　国際日本文化研究センターデータベース参照）。かつては、北白川の街道沿いでは多くの石屋が軒を並べていたそうです。すでに白川石の採石は禁じられており、その数も激減しています。近代になって白川石で建造された北白川天神宮社前の萬世橋《まんせいばし》はすばらしいアーチ式の橋です。

＊参考文献「北白川こども風土記」（昭和三四年）京都市立北白川小学校編
小学生たちが郷土学習で調べ作成した北白川の歴史を知る貴重な記録集です。

北白川天神宮萬世橋

❹法然院（地図：銀閣寺・鹿ケ谷コース　55頁）

法然《ほうねん》が弟子たちとともに草庵を設け、六時礼讃《ろくじらいさん》を勤め、専修念仏《せんじゅねんぶつ》の行を行った旧跡です。久しく草庵は荒廃していましたが、江戸時代に入り、忍徴《にんちょう》和尚により現在の伽藍《がらん》の基礎が築かれました。

境内は善気山《ぜんきさん》の森に抱かれています。杉木立に囲まれた総門から参道を歩き、山門をくぐると、白砂が盛られた白砂壇《びゃくさだん》が目に入ります。そこには水を表す砂紋が描かれ、二つの砂山の間を通ることで心身が清められて、浄域に入ることができることを意味しています。境内には講堂、本堂、方丈などが建立され、本堂の本尊、阿弥陀如来坐像の前の須弥壇《しゅみだん》には、二五菩薩を象徴する二五の季節の生花が散華《さんげ》されています。

方丈の池は背後の森を映し静寂を保っています。苔むした庭の奥には中興以来、清泉「善気水《ぜんきすい》」が湧き出ています。多様な命がつながる庭は、生きものの聖域のようです。

本堂内の庭には椿の庭があり、三銘椿《さんめいちん》と呼ばれる「五色散り椿」、「花笠椿」、「貴椿」（あて椿）が植えられています。花期は三月下旬から四月中旬です。

境内林にはヤブツバキも多く見られます。「椿落ちて林泉の春動きけり」（松尾巌）の句にあるように、境内は森閑とした雰囲気に包まれています。

❺安楽寺（地図：銀閣寺・鹿ヶ谷コース55頁）

法然の弟子住蓮《じゅうれん》上人と安楽《あんらく》上人が念仏の道場として草庵を結んだことに始まります。当時、新興宗教であった浄土宗では、多くの人々が礼讃声明《しょうみょう》に魅了されました。その中に後鳥羽《ごとば》上皇が寵愛《ちょうあい》する姫、松虫と鈴虫がいて、上皇の留守中に出家してしまったことで、上皇の怒りをかい、法然と親鸞《しんらん》は流罪、住蓮や安楽らは処刑となりました。既成宗教からの迫害でもあったこの建永《けんえい》の法難《ほうなん》（一二〇七年）によって寺は荒廃しましたが、その

法然院・白砂壇

安楽寺

後、江戸時代に旧跡が復興されました。

江戸時代の中頃、安楽寺の真空益随《しんくうえきずい》上人が「夏の土用の頃にかぼちゃを食べれば中風にならない」とのお告げをうけて以来、現在でも、七月二五日にかぼちゃ供養が営まれています。使われるものは鹿ヶ谷かぼちゃという品種で、京野菜のひとつです。ヒョウタン型をしているのが特徴です。京の農夫が津軽地方からタネを持ち帰り、当時の鹿ヶ谷村で栽培したのが始まりだといわれています。

鹿ヶ谷かぼちゃ

庭園では、五月上旬から六月にかけて、サツキ、ツツジの古木の花が咲き誇り、公開日には花を楽しむことができます。

近年、地蔵堂が再建され、地蔵縁日が開かれています。

❻霊鑑寺（地図：銀閣寺・鹿ヶ谷コース 55頁）

臨済宗南禅寺派の尼門跡《もんぜき》寺院で、一六五四年後水尾《ごみずのお》天皇の皇女を開基として創建されました。谷の御所、鹿ヶ谷比丘尼《びくに》御所と呼ばれ、御所人形など皇室ゆかりの寺宝が所蔵されています。

本尊は如意寺（平安時代～室町時代・園城寺の別院）の旧仏で恵心僧都《えしんそうず》作の如意輪観音像です。像の基には、寺の名の由来といわれる鑑《かがみ》があります。江戸時代に霊鑑寺の尼僧の尽力で如意寺の小堂が再興されたようですが、その後廃絶しました。

現在の本堂は十一代将軍徳川家斉《いえなり》によって寄進されました。庭園は江戸初期に作られた池泉観賞式庭園で、石組み、石積みが高低差のある境内に配され、見せ場がつくられています。京都市の名勝庭園に指定されています。春になると散椿など一〇〇種以上のツバキが花を咲かせます。なかでも、日光椿《じっこうつばき》は京都市指定の天然記念物です。カエデの古木もあり紅葉も見事です。

山門前の石段横には、洛陽十二支《らくようじゅうにし》妙見《みょうけん》のひとつである妙見宮があります。京都御所の紫宸殿《ししんでん》を中心に十二支の方角の寺院に、妙見大菩薩が祀られているものです。ここは東の方角にあたるため、卯年《うどし》の守護神でもあるウサギの置物が安置されています。

霊鑑寺

❼琵琶湖疏水（地図：蹴上コース 62頁）

琵琶湖疏水は、東京遷都《せんと》で衰退の危機にあった京都に活力を呼び戻すため、夢の水路として、第三代京都府知事となった北垣国道《きたがきくにみち》が主唱し、田邉朔郎技師の技術指導で建設が進められたものです。琵琶湖から京都市内まで山々を貫いて水路で結ぶという壮大な工事であっただけでなく、舟運の向上、水道用水の確保、灌漑《かんがい》、発電などを目的とする総合開発事業でもありました。

着工から五年後の一八九〇（明治二三）年に第一疏水が完成しました。運河が開通し、水力発電による新しい工場が生まれて、日本初の路面電車も走り出すなど、京都は活力を取り戻しました。同年、灌漑用に疏水分線も設けられました。それから二〇年後、さらに豊かな水を求めて第二疏水（ほぼ全線暗渠《あんきょ》）が建設され、水道事業も始められ、京都のまちづくりの基礎となったのです。現在も蹴上浄水場などを通して、琵琶湖の水が京都市民の水道水として供給され続けています。

蹴上浄水場では、敷地内にツツジやサツキが約六〇〇〇本植えられ、五月上旬に見ごろを迎えます。

また蹴上の見どころにインクライン（傾斜鉄道）があります。琵琶湖疏水で運航させた舟を、蹴上舟《ふな》溜《だまり》から南禅寺舟溜までの斜面を台車にのせて往復させるために敷設されたものです。第一疏水と同年に完成しました。全長約五八二メートル、高低差約三六メートル、勾配《こうばい》一五分の一の斜面に、枕木と鉄製のレール四本が敷かれ、ワイヤーロープでつながれた台車を、疏水で発電した電気を使って巻上機と滑車を回転させることにより、昇降させる構造です。昭和二〇年代初めまで活躍していました。

当時をしのび、インクラインを往来した台車と三十石船《さんじゅっこくぶね》が復元されています。

蹴上インクラインには、メーカーや製造年代を特定できる文字の残る古レールが五四本あることがわかりました。側面に、「BARROW STEEL 6 Mº 1887 272 ISR STEEL 75L^{B}」という文字が確認でき、イギリスのバーロウ社が一八八七（明治二〇）年六月に製造した鋼製七五ポンドレールということがわかります。日本で最古の七五ポンドレールで、産業遺産としての歴史的価値を持つと評価されています。（京都市上下水道局案内文参照）

琵琶湖疏水関連施設は、国の史跡であり、日本近代化産業遺産にも認定されています。琵琶湖疏水の建設の歴史、役割、京都の近代化などについては、琵琶湖疏水記念館（京都市左京区南禅寺草川町、動物園東門からすぐ）で知ることができます。

蹴上インクライン三十石船

蹴上発電所は、疏水を利用した水路式水力発電所で、日本初の事業用水力発電所として一八九一（明治二四）年に運転を開始し、今もなお現役で、最大出力四五〇〇キロワット（一般家庭約四六〇〇世帯の年間電気使用量に相当）を発電し、電力を供給しています。

明治期の先人の偉業は、観光にも生かされています。水路閣は観光スポットとなり、びわ湖疏水船も観光船として復活し運航されています。

❽ねじりまんぽ（地図：蹴上コース62頁）

ねじりまんぽとは、聞きなれない名称です。調べてみると、「まんぽ」とはトンネルのこと。語源は、鉱山の坑道を意味する「まぶ（間府）」に由来するようです。トンネル内部がねじれたように見えます。斜拱渠《しゃきょうきょ》とも呼ばれ、上からの大きな負荷に耐えられるよう、斜めにレンガを積んであるのが特徴です。明治初期から鉄道のトンネルなどに用いられた優れた土木技術です。

出入口には「雄観奇想《ゆうかんきそう》」「陽気発処《ようきはっするところ》」と刻まれた額（扁額《へんがく》）が掲げられています。揮毫《きごう》は第三代京都府知事・北垣国道です。疏水完成の歓びに寄せられたもので新しい時代への希望が感じられます。

疏水のトンネルなどにも、時の政治家などが揮毫した扁額が掲げてあります。

ねじりまんぽ

❾旧御所水道ポンプ室（地図：蹴上コース 62頁）

旧九条山浄水場ポンプ室は、「旧御所水道ポンプ室」と呼ばれる京都御所に防火用水を送る目的で建てられた施設です。京都御所の紫宸殿《ししんでん》より高くするためにこの場所に造られました。場所はインクラインの蹴上舟溜の先です。琵琶湖疏水の岸にポンプ室を設け、貯水池に疏水の水をくみ上げていました。貯水池の満水時の水面と御所付近の標高差は約六〇メートルで、弁を開けば落差による水圧で、御所内のいくつもの消火栓から自動的に放水される仕組みでした。疏水に架かる大神宮橋からよく見ることができます。

敷地内にはレンガ造りの建物があります。京都国立博物館を設計した片山東熊《とうくま》と山本直三郎が設計し、一九一二（明治四五）年に竣工しました。第二琵琶湖疏水工事と同じ年に完成した重厚で美しい建物の中にはポンプが設けてあります。一九九二（平成四）年に取水を停止し、御所の防火用水が原則、地下水をポンプで揚水する方式に改められて、本来の役目を終えたようです。

旧御所水道ポンプ室

❿南禅寺境内（地図：蹴上コース 62頁）

南禅寺は、臨済宗南禅寺派の大本山です。今から七一〇年あまり昔の一二九一（正応四）年、亀山法皇が無関《むかん》普門《ふもん》禅師（大明国師）を迎えて開創されました。

参道の入口では句が刻まれた大岩（熊本県から運ばれたもの）が出迎え、階段横には大灯籠が立ち、そして、眼前に、日本三大門のひとつである、ケヤキの大柱が支える二階二重門、上階に楼閣をもつ三門が聳《そび》えています。三門に登れば、比叡山へと連なる東山の緑の屏風を望むことができます。

町と山との緩衝帯のような場所で、東山の森を背にした境内にはコケが繁茂し、木々が散在しています。塔頭の庭も周囲の自然と一体となり、独特な環境をつくり出しています。この自然環境が、様々な生きものたちの生息を可能にしています。

境内にあって何とも目がひかれるのが水路閣です。レンガの色と周囲の木立の色とのコントラストが映えています。琵琶湖疏水の水路橋で、全長九三・一七メートル、幅四・〇六メートル、水路幅二・四二メートル、高さ九メートルのレンガ造りで、毎秒二トンの水が流れています。アーチ構造の優れたデザインで、京都を代表する景観の一つです。

このような環境の南禅寺界隈では、明治から昭和初期にかけて有力者により多くの別荘が建てられました。これらは南禅寺界隈別荘庭園群と称されています。

南禅寺三門

⓫駒ヶ瀧最勝院（地図：蹴上コース 62頁）

南禅寺から大文字山登山コースへと続く道筋に、駒ヶ瀧最勝院（最勝院・高徳庵）があります。落ち着いた佇まいの駒道智大僧正の霊地です。僧正は比叡山で修行して天台宗密教を習得、三井寺の管長となり、そして禅林寺の住職となり、晩年、この地に隠棲されました。白馬にまたがり生身を天空にかくされたと伝えられています。それ以来、滝を駒ヶ瀧、僧正を駒大僧正と呼ぶようになりました。山へ入ったところにある奥の院にも祀られています。

⑫琵琶湖疏水・山科疏水 （地図：山科コース 68頁）

琵琶湖疏水は大津市三保ヶ崎から取水し、京阪・三井寺駅付近には、水量を調整する制水門と、船の行き来ができる水位を保つ閘門《こうもん》が設けられています。第一疏水の流量は毎秒八・三五立方メートルで、四つのトンネルをぬけて京都市内の蹴上に至ります。最長のものは長等山を抜ける第一トンネルで、長さが二四三六メートルもあり、難工事でした。わが国で初めて竪坑利用による工法を採用し、工期を短縮することができました。その竪坑跡を小関越えのハイキングコースで見ることができます。

レンガ、材木も直営で生産し、ほとんど人力だけで工事が行われました。地下鉄御陵駅入口横には「煉瓦製造所跡」の碑が設けられています。

山科北部の山裾をいく流れは、山科疏水と呼ばれています。東山自然緑地公園として疏水べりに散策道が設けられ、憩いの場として利用されています。

駒ヶ瀧

琵琶湖疏水大津閘門

大文字山への御陵コースの入口近くでは、疏水第二トンネルの東口が見えます。そのトンネルに掲げてある扁額には、井上馨《いのうえかおる》の「仁以山悦智為水歓」（じんはやまをもってよろこび、ちはみずのためによろこぶ）が刻まれています。同じ第二トンネルの西口には、西郷従道《さいごうつぐみち》（西郷隆盛の弟）の「随山到水源」（やまにしたがいすいげんにいたる）の扁額が掲げられています。第三トンネル東口の近くには、日本最初の鉄筋コンクリート橋といわれている第一一号橋があり、近代化への足跡を見ることができます。そこからすぐに蹴上です。

⑬天智天皇陵（山科陵《やましなのみささぎ》）（地図：山科コース68頁）

天智天皇は、飛鳥時代に活躍した人物です。中臣鎌足《なかとみのかまたり》らと謀《はか》って豪族により支配された社会の変革を行ったといわれています。その後、政治改革を推進し、唐の脅威に立ち向かうために、守りに堅く、交通の要衝の地である近江大津宮へ遷都（六六七年）し、翌年に皇位を継承しました。大津宮に漏刻《ろうこく》（水時計）を置き、初めて鐘・鼓を打って時を知らせたといわれています。天智天皇を祀った近江神宮には、寄贈された水時計や時計館があります。

天智天皇は律令体制の確立に努めたとされ、六七一年に崩御《ほうぎょ》しました。陵墓は山科区御陵《みささぎ》にあります。山科陵といい、広大な敷地面積を擁し、その多くが木々で覆われています。

天智天皇陵（山科陵）（撮影、掲載許可済み）

御陵は七世紀末頃に築造されたといわれ、墳墓は上円下方墳で、上部の対辺長約四二メートル、下部の一辺長約七〇メートル、高さ約八メートルです。二〇一五年の学術調査で、上円部は八角形墳であることが確認されましたが、その形は森に覆われていて見ることはできません。なお、八角形墳は七世紀中頃以降の天皇陵に多く見られるようです。陵を訪れると、一本の古木に目がとまります。古事記の歌にも登場する烏草樹《さしぶ》、シャシャンボです。

⑭毘沙門堂門跡（地図：山科コース 68頁）

天台宗五箇室門跡《ごかしつもんぜき》（五門跡）のひとつで、高い寺格と鄙《ひな》びた山寺の風情を伝える古刹《こさつ》です。

本尊に七福神のひとつ毘沙門天を祀ることからその名があります。七〇三年、文武《もんむ》天皇の勅願《ちょくがん》で僧行基《ぎょうき》によって開かれました。当初は出雲路（上京区）にあったものが、戦乱の苦難を経て一六六五年に山科盆地の山懐に再建されました。本尊の毘沙門天は、天台宗の宗祖である伝教大師（最澄）の自作で、延暦寺根本中堂の本尊の薬師如来の余材をもって刻まれたと伝えられています。

境内では四季折々に美しい花を見ることができます。春の桜や秋の紅葉に加えて、初夏には、花冠の先が五つに裂けて杯のようになる銀盃草《ぎんぱいそう》（明治時代に渡来した多年草の植物）やスイレンなどの花が楽しめます。

毘沙門堂の銀盃草

⑮たたら製鉄跡～如意ヶ岳南麓遺跡群（地図：山科コース68頁）

日本古来の方法による製鉄をたたら製鉄といいます。鉄鉱石や砂鉄を、木炭を用いて比較的低温で粘土製の炉で溶かし、鉄を得る方法です。製鉄の際、火力を増すために炉に空気を送る「ふいご」が使われました。

琵琶湖疏水にかかる朱塗りの正嫡橋《しょうちゃくばし》を渡ると日蓮宗本山のひとつ本圀寺へ行くことができます。この境内東側に隣接して「たたら遺跡・御陵大岩町遺跡」があり、石柱がひっそりと立っています。六～七世紀頃には、盛んに製鉄が行われていたようです。また、毘沙門堂から進んだ大文字山への登山道脇にも「たたら遺跡・後山階陵遺跡」の石碑があります。

当時、交通の要衝の地でもあった山科から藤尾辺りには製鉄遺跡が点在し、まとめて「如意ヶ岳南麓遺跡群」と呼ばれています。滋賀県西部や南部から大文字山域にかけては、古生層に貫入したマグマとの接触帯が分布し、熱変成作用で鉄などを含む塊状の鉱床が生じました。また、製鉄では鉄を溶かすための燃料として多くの木炭が必要でした。如意ヶ岳山麓は、原料に加え、燃料や水が得られる、たたら製鉄の適地だったのです。

鉄は重要な資源です。農具や武器、建築部材や工具を作るための材料であり、それらを得て権力や富を生み出すことができました。

たたら遺跡碑（大岩町遺跡）

⑯藤尾石と車石（地図：大文字山山域図 51頁）

長等山から藤尾奥町辺りに産する藤尾石は、石英斑岩《せきえいはんがん》と呼ばれる火成岩の一種の半深成岩です。大文字山の花こう岩地帯と同じく、その成因は、中生代後期の火山活動によるものと考えられています。マグマが岩脈に沿って貫入し、浅い場所で急に冷やされてできた岩石です。硬いため、石垣や敷石などに使われてきました。

江戸時代の幹線、東海道で山科盆地を越える途中には、逢坂《おうさか》峠や日岡《ひのおか》峠がありました。地道である街道では、雨などでぬかるむと思うように通行できません。特に牛が曳く荷車は大変です。そこで、荷車の車輪幅に合わせて、二列に石を敷く土木工事が施されました。この石材に藤尾石などが使われました。牛車の通行で、敷石に轍《わだち》のような窪みができた石は車石と呼ばれました（大津市歴史博物館ＨＰ参照）。

江戸時代に使われていた荷車と敷石（車石）

⑰三井寺（園城寺）（地図：如意越えコース 70頁）

近江大津京ゆかりの古刹。正式には長等山園城寺といい、天台寺門宗の総本山です。天智天皇の第一皇子、大友皇子の子、大友村主与多王《すぐりよたのおおきみ》が請願して六八六年に創建されました。寺に湧く霊泉が天智、天武、持統天皇の産湯に使われ、「御井《みい》」の寺といわれたことから転じて三井寺と呼ばれたとされています。現在でも、金堂西側の閼伽井屋《あかいや》から霊泉が湧き出ています。その建物には左甚五郎《ひだりじんごろう》作の竜が彫り込まれています。

三井寺の今に至る礎《いしずえ》は智証大師《ちしょうだいし》円珍が築きました。円珍は讃岐国の生まれで、空海の血筋を引き神童の誉《ほま》れ高く、比叡山に入門、そして比叡山や大峰山《おおみねさん》や熊野三山を巡って修行に勤めました。そのため修験道とも深いつながりを持つことになったようです。天台内部の争いや平家による焼き討ちなどの法難を乗り越え、武家の保護を受けるなどして復興し、現在に至っています。

三井寺天狗杉

広大な寺域は、南院・中院・北院と三院によって構成されています。また本寺の周辺には五つの別院が設けられ、「三井寺五別所」と呼ばれています。

それぞれの堂塔伽藍《どうとうがらん》は由緒あるものばかりです。金堂をはじめ光浄院客殿《こうじょういんきゃくでん》、勧学院客殿《かんがくいんきゃくでん》、新羅《しんら》善神堂《ぜんしんどう》、その他絵画、彫刻などが国宝に指定され、貴重な文化財を守り伝えています。音の三井寺と言わしめた、近江八景のひとつでもある三井の晩鐘《ばんしょう》も有名です。

密教図像の普及と研究に大きな役割を果たしたのが三井寺で要職を務めた覚猷《かくゆう》、のちに鳥羽離宮《とばりきゅう》内の証金剛院《しょうこんごういん》に住まい、鳥羽僧正《とばそうじょう》と呼ばれた人物です。画技に秀でていたといわれています。また、北院・塔頭のひとつである法明院《ほうみょういん》には、日本美術の研究家であり、収集家でもあるフェノロサやビゲローの墓があります。

近くには大津市歴史博物館があります。

⑱池の谷地蔵（地図：如意越えコース 71頁）

本尊は地蔵菩薩で境内には六地蔵などが建立されています。寺の名は辺りに池があったことに由来しています。今も湿地があり、池の痕跡を残しています。境内には多くの植物が植えられて、季節ごとに花が楽しめます。江戸・幕末から明治期に活躍した歌人渡忠秋《わたりただあき》は「郭公《ほととぎす》をききに池の谷にまかりて」との詞書《ことばが》きで、「おく山のいけのあたりのほととぎす影さへみえて鳴わたりつつ」と詠《よ》みました（『花洛名勝図会』一八六四年刊行）。比叡山からなだらかにつながるこの山域が、渡り鳥のコースになっていることがうかがい知れます。

池の谷地蔵

⑲哲学の道とその周辺（地図：銀閣寺・鹿ケ谷コース 55頁、蹴上コース 62頁）

哲学の道は、熊野若王子神社前の若王子橋から浄土寺橋までの、琵琶湖疏水分線に沿った一・八キロあまりの小道です。日本の道百選に選ばれています。

琵琶湖疏水分線の開通した明治時代、山麓沿いの小道を多くの文人たちが好んで散策しました。その中には西田幾多郎《にしだきたろう》など哲学者も多く、哲学者の道、思索の道などと呼ばれて、やがて哲学の道と呼ばれるようになりました。法然院近くの道沿いに、西田が詠んだ「人は人　吾はわれ也　とにかくに　吾行く道を吾は行くなり」の石碑があります。

小道は歩きやすいように石が敷かれていますが、これらは一九七八（昭和五三）年に廃止された市電の軌道敷石が転用されたものです。

哲学の道沿いには動物たちが登場する神社があります。

熊野若王子神社は、京都三熊野のひとつで、鬼瓦にはナギの葉をくわえる八咫烏《やたがらす》が表わされています。八咫烏は日本神話に登場する熊野権現の神使です。ご神木はナギの木で、その木で作った御守りは、「あらゆる苦難をなぎ倒す」ご利益があるとされています。

東山連峰第十峰の椿ヶ峰を背に建つのが大豊《おおとよ》神社（八八七年創建）です。末社である大国社は、鼠社の異名をもち、狛鼠が鎮座しています。山火事で大国様が危機に瀕したとき、鼠が現れて安全な道へ誘導したという神話に由来します。長寿を祈り水玉をもつものと、学問成就を祈り巻物をもつものが、両脇に立っています。さらによく見ると、狛鼠は、阿吽の形（口を開く阿形、口を閉じる吽形）をとっています。

ほかにも末社があり、狛狐の立つ稲荷社では商売繁盛を祈願し、狛猿の立つ日吉社では災難・厄除けを、狛鳶《とび》の立つ愛宕社では火難除けを祈願す

ナギの古木

大豊神社の狛鼠

ることができます。

哲学の道の散策では様々な樹木に四季の彩りを楽しむこともできるでしょう。サクラ以外にもいろんな樹木があります。ミツマタはこんもりと剪定されたその枝を見ると、三つに分かれていることがわかります。万葉歌にも登場する木で、古くから和紙の原料としても有名です。晩秋、枝先に蕾《つぼみ》が下向きにつき、早春、葉に先立って黄白色の花が咲きます。

哲学の道の桜並木

道端には、野草が育ち可憐な花を咲かせます。その蜜を求めていろいろなチョウも訪れます。疏水をのぞいて見ると、水辺の生きものを見つけることができます。流れには、コイやニゴイ、オイカワやカワムツ、底に潜むカマツカなどの魚たちがいます。琵琶湖の水とともにやってきたオオクチバスなどの外来魚もいます。そして、小魚を狙うサギやカワセミも飛来し、水鳥のマガモやカルガモも棲みついています。

哲学の道から少し足をのばすと永観堂（禅林寺）があります。「モミジの永観堂」といわれ、みかえり阿弥陀像も有名です。

⑳京都大学総合博物館（地図：大文字山山域図　51頁）

京都大学が一〇〇年以上にわたって収集してきた貴重な学術標本資料約二六〇万点を収蔵している、日本最大規模の大学博物館です。

日本初の本格的な「社会に開かれた大学の窓口＝ユニバーシティ・ミュージアム」とあるように、自然史、文化史、技術史と私たちの身の周りを総合的な視点で学べる展示がなされています。様々な企画も実施されています。

大文字山域の自然環境を知るための参考となる展示もあります。

正面ロビーには京都大学校地で発掘された、約二六〇〇年前の縄文時代に石斧で切り倒された樹木が展示されています。樹齢は一四〇年ほどで、解析の結果、コナラの仲間であることが判明しました。古代の大文字山麓の森の様子や、その地で暮らした縄文時代の人々（北白川遺跡群）の様子も想像できるものです。

自然史のコーナーでは、京都大学芦生研究林の生きものも紹介されています。大文字山にも生息する生きものも多く参考になります。また、日本で初めて放射性鉱物を大文字山で発見した比企博士のコーナーもあり、世紀の発見を身近に感じることができます。

京都大学総合博物館

㉑動物園（地図：蹴上コース 62頁）

京都市立で開園は一九〇三（明治三六）年、上野動物園に次いで日本で二番目に誕生した動物園です。

二〇一五（平成二七年一一月）年にリニューアルオープンし、ベンチや木道などに地域産材がふんだんに使われて、落ち着いた雰囲気がつくり出されています。ゾウやゴリラのエリアが充実されるなど、動物の暮らしの様子も見やすくなりました。また、生き物・学び・研究センターや野生鳥獣救護センターなども併設され、希少種の保全、繁殖（種の保存事業）、研究事業、環境教育事業、動物福祉などへの取り組みが幅広く展開されています。絶滅が危惧されるツシマヤマネコの繁殖にも成功しています。

京都の森エリアも設けられました。そこでは、東山連峰を背にして、棚田と小川が整備されています。ゲンジボタルの増殖やイチモンジタナゴなど希少淡水魚の保全にも取り組まれています。身近な森や川に棲む野生動物も飼育されていて、動物たちと共存できるようなまちづくりへの関心が高まることが期待されます。

時期により夜間開園も行われており、普段とは違った動物の動きや表情を感じることができます。

京都市動物園（東門）

㉒平安神宮（地図：蹴上コース62頁）

平安神宮は、一八九五（明治二八）年に創建され、神苑は国の名勝に指定されています。池泉回遊式の庭園は一万坪にも及びます。周囲を囲むように池があり、その面積は神苑の四分の一を占めます。池には、琵琶湖の水が疏水を通して流れ込んでいます。

「日本庭園は最高のビオトープ」（平安神宮ＨＰ）といわれるように、琵琶湖の生態系がそのまま陸封された状態で、多くの生きものが生息しています。

現在も、淡水魚が一〇種類、その他にも水生生物の生息が確かめられました。また野鳥も四〇種類ほどが訪れています。

魚類は、コイ科／ヌマムツ、タモロコ、モツゴ、ゼゼラ、ゲンゴロウブナ、ギンブナ、イチモンジタナゴ、タイリクバラタナゴ、コイ。ハゼ科／ヨシノボリが確認されています。コイ以外の魚は野生種です。

なかでもイチモンジタナゴは、本来の生息場所である琵琶湖では、外来魚であるオオクチバスなどの餌食になったり　湖岸の開発による葦原の減少ですみかを追われたりするなどして、絶滅危惧種に指定されるほどに激減しており、平安神宮の安全な環境で命をつないでいるのです。

㉓琵琶湖疏水記念館（地図：蹴上コース 62頁）

琵琶湖疏水記念館は、一九八九（平成元）年に琵琶湖疏水竣工一〇〇周年を記念して開館しました。二〇一九（平成三一）年にリニューアルオープンしました。琵琶湖疏水の水面をイメージした照明に誘われ入場すると、すぐにガイダンスシアターのコーナーがあり、琵琶湖疏水建設に携わった人々の情熱や苦難に満ちた歴史が映像で分かりやすく紹介されています。琵琶湖疏水建設に伴う総合開発事業が支えた京都の近代化、そして琵琶湖の水

琵琶湖疏水記念館

平安神宮神苑

が私たちの暮らしにとってかけがえのないものであることを知ることができます。

㉔法然院森のセンター（地図：銀閣寺・鹿ヶ谷コース55頁）

鹿ケ谷にある寺院、法然院の前に位置する自然活動センターです。建物は法然院の施設で「共生き堂」と命名されています。運営は市民グループが行っています。

ギャラリーと、ワークルームを兼ねた文庫などがあります。ギャラリーでは、身近な森の生きものたちが手作りの展示で紹介されており、森の息遣いが感じられます。文庫には閲覧用の図鑑から自然や文化に関する書籍が並んでいます。

また、オープンルームプログラムや「法然院森の教室」のほか、観察会や様々な自然活動の行事が行われています。

詳しくは法然院森のセンター・フィールドソサイエティーのホームページなどを参考にしてください。

URL　http://fieldsociety.la.coocan.jp/

雪の法然院森のセンター

如意越え

Ⅳ 如意越え歴史散歩

*第一三三回「法然院森の教室」講演録より

◉古道

◉山林寺院跡と山城跡

古道

　古くから山城国と近江国を結ぶいくつかの街道がありました。それらは山が迫る谷間を行く峠越えの道や峰越えの道でした。

　志賀の山越え（のちに山中越えとも呼ぶ）は平安時代から京の北白川と近江の志賀の里を結ぶ峠越えの近道で、物資の運搬などにも利用されました。道中の安全を祈るために、志賀の里には、鎌倉時代の作と伝えられる、花こう岩に彫られた高さ三・一メートルの阿弥陀如来坐像・志賀大仏《おぼとけ》が、また北白川口にも、同じく鎌倉時代の作と伝えられる高さ二メートルほどの花こう岩を彫った阿弥陀如来座像・子安《こやす》観音が安置されました。いずれも現存しています。

　子安観音は、京都名所案内『拾遺《しゅうい》都《みやこ》名所《めいしょ》図会《ずえ》』（一七八七年刊行）では希代の大像として描かれており、町に出て四季の花を売り歩く白川女は、必ず花を供え、商売繁盛と一日の無事を祈ったようです。

　中世、山中越えの国境には山中関が置かれて、関銭《せきせん》を徴収していたようです。今でも、樹下《じゅげ》神社の鎮守の杜《もり》や旧街道沿いの家並みや石仏に、山里集落の落ち着いた佇《たたず》まいを見ることができます。

志賀大仏

また、北から長等山の尾根が迫る谷には、京と三井寺をつなぐ小関越えが通ります。京都市と境を接する、大津市横木から小関峠を越えて大津宿・札《ふだ》の辻《つじ》（現 大津市京町一丁目交差点）までの約四キロの道で、三井寺への参詣道でもあったようです。横木の分岐点には、一八二二（文政五）年「三井寺観音道」「小関越」と刻まれた大きな道標が立てられています。大津宿・札の辻は東海道と北国《ほっこく》街道の分岐点でもあるのです。

小関越えの途中にある寂光寺《じゃっこうじ》の旧本堂には、藤尾石に彫られた磨崖仏《まがいぶつ》が祀られています。高さ二七八センチ・幅五六六センチの横長の花こう岩に、大小一五体の像と梵字《ぼんじ》が彫られています。中尊は、像高一四八センチの阿弥陀如来像です。向かって右側に観音・勢至《せいし》の両菩薩像、左側に地蔵菩薩像が彫られています。阿弥陀如来像の光背《こうはい》外側に「延応二年」（一二四〇年）かと読める刻銘《こくめい》があり、像の様式から見ても鎌倉時代の作と考えられています（大津市の指定文化財）。

そして、峰越えの如意越えです。如意越えは山中の山林寺院をつなぐ修験者の道でしたが、京の都と近江・三井寺とを結ぶ最短距離の道としても時代を超えて利用されてきました。様々な歴史文化に触れることができます。

寂光寺磨崖仏（掲載許可申請済み）

山林寺院跡と山城跡

山林寺院跡

七九四年に京都盆地の中央部に平安京が造営されてから一八六九年に東京へ遷《うつ》るまで、京都は長く歴史の舞台でした。近江の国とは歴史的にも関係が深く、不断に人びとの往来がありました。如意越えや山中越えの古道はそのことを物語っています。それらの道に沿って、多くの遺跡が点在します。

遺跡は、大きく二つに分けることができます。一つは平安時代の山林寺院跡です。安祥寺上寺跡、浄土寺《じょうどじ》七廻《ななまわ》り町《ちょう》遺跡、如意寺跡、そのほか平安時代後期に仏具・仏典を埋めた塚である如意ヶ嶽経塚《きょうづか》群、安祥寺山経塚群や遺物散布地である西方院《さいほういん》下方西谷遺跡などがあります。

もう一つは、戦国時代の山城跡です。中尾城跡、如

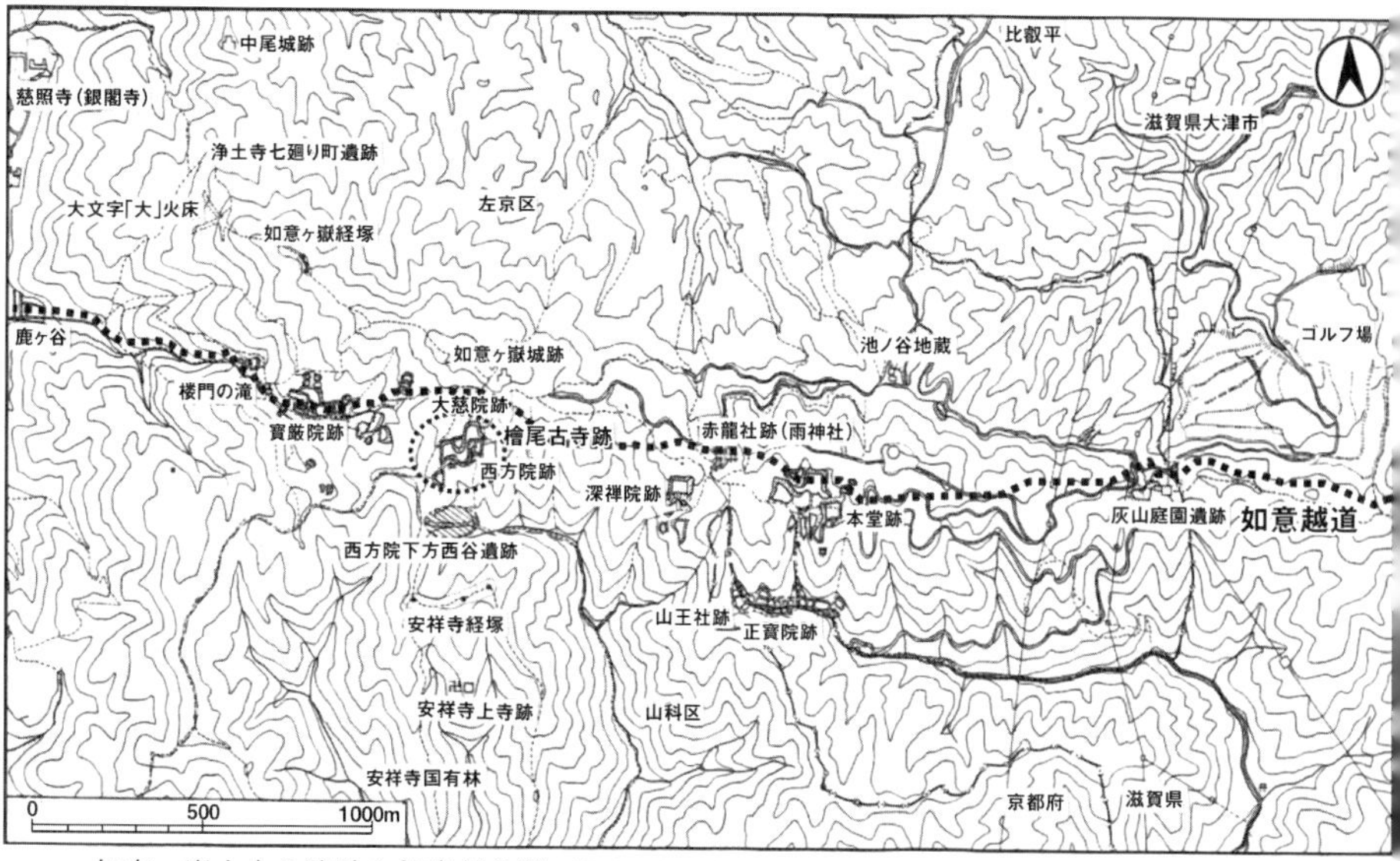

如意ヶ嶽山中の遺跡と如意越え道（作成：梶川敏夫）

意ヶ嶽城跡、灰山城跡（この遺跡には詳細不明の灰山庭園遺跡が残る）などがあります。
まず平安時代の山林寺院跡から紹介しましょう。

平安時代前期、入唐八家《にっとうはっけ》と呼ばれる僧（最澄《さいちょう》、空海《くうかい》、常暁《じょうぎょう》、円行《えんぎょう》、円仁《えんにん》、恵運《えうん》、円珍《えんちん》、宗叡《しゅうえい》）たちが大陸の唐に渡航し、仏教教義や経典、仏具類をわが国に持ち帰り、新たに密教が伝来します。

桓武《かんむ》天皇は遷都に際して、平安京内への仏教寺院の建立を東寺と西寺しか認めませんでした。そのため、郊外に多くの寺院が建立され、さらに最澄や空海による天台・真言両宗の発展により、修行の場として山林寺院が盆地周辺の峰々に建立されるようになります。

今も京都盆地周辺に法灯を伝える寺院として、延暦寺《えんりゃくじ》（最初は比叡山寺）、醍醐寺（上寺）、清水寺《きよみずでら》、神護寺《じんごじ》、清閑寺《せいかんじ》などがあります。このように平安時代は密教系寺院が大きく発展し、和歌山県高野山の金剛峯寺《こんごうぶじ》、山形県の立石寺《りっしゃくじ》など、全国に山林寺院が建立されました。

では、如意ヶ岳山中に残る山林寺院跡を見ていきましょう。

安祥寺上寺跡は山科区安祥寺国有林に位置し、寺の詳細を記した『安祥寺資財帳』が伝わっています。寺は、九世紀中頃に、仁明天皇女御であり文徳天皇の生母である藤原順子が発願し、恵運を開基として創建され、仁明・文徳両天皇の菩提《ぼだい》を弔《とむら》う寺として皇室の後ろ盾により発展しました。のちに下寺も建てられました。しかし、応仁・文明の乱の兵火に遭って、上寺は廃絶、下寺も衰えましたが、江戸時代の復興、移転を経て現在地（山科区北方の京都府立洛東高校の西隣）で法灯を今に伝えています。

安祥寺に伝わる五智如来坐像《ごちにょらいざぞう》（国宝・京都国立博物館寄託）は、一木造りの

現在の安祥寺

五体の如来像で、平安時代初期の密教彫刻の最重要作例として、それまでの重要文化財から二〇一九年に国宝に指定されました。また、本尊の十一面観音立像《りゅうぞう》（重要文化財）は、カヤの木を用いた高さ二・五メートルを超える一木造りの像で、奈良時代末から平安時代初期の作とされています。

浄土寺七廻り町遺跡は、慈照寺（銀閣寺）門前から大文字山への登山道の東の谷奥にあり、京都大学考古学研究会の踏査で確認されました。付近の採集遺物から、平安時代中期頃の山林寺院跡とされています。一〇世紀中頃から一一世紀に確実に存在した山林寺院で、山下にあった平安時代創建の浄土寺（東山殿造成前に存在した寺院）との関連が注目されています。

如意寺は三井寺（園城寺）の別院として円珍が創建したとされますが、現在のところ不明です。文献では平安時代中期の藤原忠平《ただひら》の日記『貞信公《ていしんこう》記《き》抄《しょう》』に記載があります。鎌倉時代に隆盛を誇った後に衰退、応仁・文明の乱では山城に転用され、以後に廃絶して幻の寺となりました。三井寺には如意寺本堂の本尊とされる千手観音立像（平安時代前期）が今に伝わっています。また、三井寺所蔵の重要文化財『園城寺境内古図・如意寺幅』（南北朝期、以下「古図」という）が伝え残っています。この古図には、下方（西）から上方（東）に向かって鹿ヶ谷門（京から園城寺への入口〈西門〉）、不動堂、浴室、楼門の滝、熊野三所、寶厳院《ほうげんいん》（般若《はんにゃ》

安祥寺十一面観音立像（写真提供：安祥寺）

臺《だい》）、大慈院《だいじいん》・西方院、深禅院《しんぜんいん》、赤龍社、本堂、正寶《しょうほう》院《いん》など、六七余りの堂塔社殿が描かれています。

一九八五年の『京都市遺跡地図』改訂作業の一環で約二年をかけて探索が行われ、大津市と京都市の境界付近から如意ヶ岳南麓、左京区の鹿ヶ谷までの東西約三キロの広範な山中に、本堂跡や子院（末寺）跡などが点在し、古図ときわめて近い形で遺跡が確認されました。

「園城寺境内古図」如意寺幅（重文）

比叡平の南方にある池の谷地蔵から南西約五五〇メートル付近に赤龍社跡である雨社があります。古図には湧水場所の祠と池、その北側に一間社流造《いっけんしゃながれづく》りの社が描かれています。今も社の脇からは少ないながら水が湧いていて、水神の標柱が設けられています。そばには池の名残の小さな湿地が残っています。

雨社から東に二〇〇メートルほどのところにあるのが如意寺本堂跡です。一九九三年から数年間、古代学協会による現地調査が行われ、本堂跡・講堂跡・常行堂跡など、古図に描かれた姿に近い状態で遺構が残存することが判明しました。そのほか、本堂跡の南下方から大津市の藤尾に至る谷間に、如意寺東門、山王社、正寶院、藤尾門などの痕跡を示す平坦地がいくつか残存します。

雨社の南西約一三〇メートルには深禅院跡があり、山腹を造成して大きな方形の平坦地を造り出しています。古図に、十一重の石塔のほか、門や脇門、三棟の入母屋造《いりもやつく》り建物が描かれている場所で、遺跡からは五輪石塔片や一石《いっせき》五輪塔が発見されています。調査や測量で、建物跡、小さな方形の石組み遺構、階段石の一部なども見つかっています。

雨社

鹿ヶ谷菖蒲谷《しょうぶだに》町には、大慈院・西方院跡とされていた場所があり、古図に本堂、脇堂、一切経蔵《いっさいきょうぞう》、鐘堂、月宮、日宮の六棟の檜皮葺《ひわだぶき》建物が描かれています。この遺跡は二〇一七年からの調査で、九世紀中頃に書かれた『安祥寺資財帳』記載の「檜尾古寺所《ひのおこじところ》」の跡である可能性が高くなりました。

この資財帳は、安祥寺の創建の歴史や建物、資材などについて恵運が記録したもので、藤原順子が、八五六年に広大な土地を買い上げて安祥寺上寺に寄進したことが記されています。それによると上寺の北限は「檜尾古寺所」と記されてあり、上寺北方には安祥寺の創建以前に遡る檜尾古寺という山林寺院があったことが推察されます。

二〇一七年の遺跡調査で、シカが繁殖して下草を食べ尽くしたために隠れていた複数の礎石が現れて、二棟の礎石建物跡が発見されました。この遺跡にはほかに三か所の平坦地があり、少なくとも五棟以上の建物があった可能性があります。付近からは九世紀前半以降の遺物（瓦類・土器類など）が見つかり、なかには、高級な焼き物である緑釉陶器《りょくゆうとうき》の破片もありました。出土例も少なく平安時代には珍しい塑像《そぞう》仏の破片も見つかりました。塑像は、分析の結果、漆の表面に金箔を貼った「漆箔《しっぱく》」が施されていることが判明しました。これらの発見遺物は、七九四年の平安京遷都後、最澄・空海らが密教を伝えて間もない頃に、この山林寺院が建立されていたことを物語る重要な発見です。ただし、この調査の結果、以前からこの遺跡が如意寺の大慈院・西方院跡とされてきましたが、その場所が未確定となりました。今後の調査の進展が待たれます。

鹿ヶ谷を桜谷川に沿って登ると、現在も古図に描かれた楼門の滝があります。滝のすぐ上が三井寺の西門に当たる月輪門があった場所です。その東方には大きな平坦地が残り、古図に描かれた熊野三所《さんしょ》跡と推定されます。この付近には大きな土塁が残り、戦国時代には山城として使われたことを物語っています。なお、熊野三所は、楼門の滝を紀伊の那智の滝になぞらえて滝上に創建されたものと考えられます。

檜尾古寺遺物（京都女子大学保管）

山城跡

次に如意ヶ岳山域の山城跡について見てみましょう。

近江への主要な街道を睨《にら》むように戦国時代には多くの山城が築かれました。慈照寺（銀閣寺）の東裏手の北側尾根上が中尾城跡、大文字山の山頂付近が如意ヶ嶽城跡と考えられています。また、瓜生山には北白川城が築かれていました。

中尾城跡は標高二七九メートル付近にあります。十二代将軍足利義晴《あしかがよしはる》、細川晴元《ほそかわはるもと》が一五四九年に築城を命じたとされます。『万《ばん》松院殿穴太記《しょういんどのあのう》』では、その威容について「名城」と記され、わが国最初の鉄砲防御を備えた山城として知られていましたが、三好長慶《みよしながよし》の勢力との戦いにより、築城された翌年の一一月には焼失、落城してしまいました。

如意ヶ嶽城跡縄張り図（京都府中世城館跡調査報告書より）
山頂部を取り囲む大規模な横堀と土塁が良好に残る城館です。如意ヶ嶽城の中心部は横堀で大きく三つ（Ⅰ・Ⅱ・Ⅲ）の曲輪（城を築くための区画）に区分されています

また兵火は慈照寺にもおよび、東山殿時代のお堂は観音殿（銀閣）と東求堂とを残し、すべて焼失しました。現在、城跡には曲輪《くるわ》や土塁《どるい》、そして堀切《ほりきり》の跡などの遺構をみとめることができます。丘陵の山頂部に位置する曲輪群と西側尾根上に位置する曲輪群とがあり、一体として機能していたと考えられます。

如意ヶ嶽城跡は標高四六五メートル付近にあります。如意ヶ岳（大文字山）山頂付近を中心に、東西約三〇〇メートル、南北約四〇〇メートルの規模を有し、少し離れた東方の尾根上には小規模な土塁を伴う砦《とりで》跡があります。現在三角点のある山頂を主郭とし、土を切り盛りした構造で、付近には土塁、曲輪、堀切、空堀《からぼり》などの遺構がよく残っています。

古くは保元の乱から、如意ヶ岳を舞台とした合戦が多数あったことがわかっています。『応仁記』巻三、応仁別記（一五～一六世紀頃）と『大乗院《だいじょういん》寺社雑事記《じしゃぞうじき》』（一四七一年）には、一四九六年五月に多賀高忠《たがたかただ》が布陣したという記述があります。『二水記《にすいき》』や『惟房公記《ただふさこうき》』には、管領の細川高国《ほそかわたかくに》や十三代将軍足利義輝《あしかがよしてる》などがこの城を利用したことも書かれており、一五五八（永禄元）年までの間に数度にわたって使用されたといわれています。

古来、灰山とよばれていた場所にある灰山城跡には、曲輪や土塁などが残っています。山中越えを望み、比叡山を借景に自然石を配した庭跡と見られる灰山庭園遺跡もあります。

このように、如意ヶ岳周辺は千年を超える歴史とその遺跡が残る貴重な山域なのです。山中にあるために

灰山庭園遺跡

開発を免《まぬが》れた遺構・遺物は、様々なことを今に伝えています。

近隣の北白川城跡についても触れておきます。

北白川城は、慈照寺の北方、瓜生山の山頂にあり、京と近江を結ぶ山中越えの街道筋を眼下に望む位置にあります。城跡は、瓜生山の広範囲に遺構が展開しており、大きく四つの城域に分けてとらえることができます。それぞれの城域は独立しており、防御方法や曲輪配置に違いがあることから、一斉に築城されたのではなく、時間差をもって構築されたことがわかります。

この城跡に関する文献は多く、文献上では北白川、勝軍山《しょうぐんやま》などの呼称で登場します。細川高国・晴元の抗争、細川晴元と足利義晴・義輝の抗争、足利義輝と三好長慶の抗争、三好長慶と六角義賢《ろっかくよしかた》の抗争、織田信長方と浅井・朝倉方の抗争など、京をめぐる合戦の拠点として長期に渡って機能したようです。

（京都府教育庁文化財保護課HPから一部省略の上転載）

北白川城跡

あとがき

大の字の火床から京都盆地を眺めていると、千年を超える「京」の営みを支えてきたのがこの地形であったのだということを感じさせられます。ながい時をかけて成立した森と、その森を発して盆地を流れ海へと向かう川のみち。それらの自然環境のおかげで、平安京は世界的にも稀な歴史都市となりました。

都大路を間近に見る大文字山ですが、比叡山山麓、京都盆地、山科盆地に接し、琵琶湖近くにまで及ぶ広い山域は、多彩な風景と文化の厚みを有しています。今回、トレッキング手帖としてまとめてみて、あらためてこの山が様々な分野の魅力に満ちていること、山麓にも訪れて楽しいスポットがたくさんあることを実感しました。本書が、大文字山再発見の一助になれば幸いです。

山の様子は日々変貌しています。よりよい自然環境を残すために、親しみをもって身近な山を歩き、その姿に学びながら、地域の森を保全していくことにも努めたいと思います。

末筆ながら、掲載に際して協力、助言いただいた社寺や施設などの方々、執筆内容について専門的なアドバイスをいただいた方々に、深く感謝申し上げます。

また、登山経験が豊富で、本書の編集にあたり尽力下さったナカニシヤ出版編集部の草川啓三氏、本書の出版をお引き受けいただいたナカニシヤ出版中西良社長に心より御礼申し上げます。

著者

［執筆者プロフィール］

久山喜久雄（フィールドソサイエティー代表）
環境学習活動を通して、人づくり、地域づくりに尽力している。
京都市環境保全活動推進協会理事　京都ユースホステル協会評議員、京都伝統文化の森推進協議会専門委員などを務める。
著書に『森の教室』（共著、淡交社）、『御嶽の風に吹かれて』（ナカニシヤ出版）などがある。

久山慶子（フィールドソサイエティー事務局長）
法然院森のセンターの運営、「森の子クラブ」、各種ワークショップ、会誌発行などを担当する。
京都府立林業大学校客員教授、箕面森林ふれあい推進センター運営推進懇談会委員などを務める。
著書に『身近なときめき自然散歩』（共著、淡交社）、『大文字山を歩こう』（共著、ナカニシヤ出版）などがある。

資料提供等協力者（敬称略）
第Ⅵ章如意越え　監修、地図提供　梶川敏夫
園城寺境内古図（写し）園城寺（三井寺）
写真提供　中谷貴幸（本文／キビタキ、表紙カバー／サンコウチョウ・センダイムシクイ）
登山コース踏査等協力　公益社団法人日本山岳協会山岳ガイド　松本辰也　山旅「やまねこ舎」

大文字山トレッキング手帖

2020年5月4日　初版第1刷発行　　定価はカバーに表示してあります

編　者　フィールドソサイエティー（法然院森のセンター）
発行者　中西　良
発行所　株式会社ナカニシヤ出版
〒606-8161　京都市左京区一乗寺木ノ本町15番地
電　話　075－723－0111
FAX　075－723－0095
振替口座　01030－0－13128
URL　http://www.nakanishiya.co.jp/
E-mail　iihon-ippai@nakanishiya.co.jp

落丁・乱丁本はお取り替えします。ISBN978-4-7795-1470-8 C0025

装丁　草川啓三
印刷・製本　ファインワークス